다시,
사랑할 수
있을까?

ONE MORE TRY
by Gary Chapman

This book was first published in the United States by Moody Publishers,
820 N. LaSalle Blvd., Chicago, Illinois, 60610,
with the title *One More Try*
Copyright © 2014 by Gary D. Chapman
All rights reserved.

Korean Edition published by Word of Life Press, Seoul 2015
Translated by permission.
Printed in Korea.

다시, 사랑할 수 있을까?

ⓒ 생명의말씀사 2015

2015년 6월 30일 1판 1쇄 발행

펴낸이 | 김재권
펴낸곳 | 생명의말씀사

등록 | 1962. 1. 10. No.300-1962-1
주소 | 서울시 종로구 경희궁1길 5-9(110-062)
전화 | 02)738-6555(본사) · 02)3159-7979(영업)
팩스 | 02)739-3824(본사) · 080-022-8585(영업)

기획편집 | 신현정
디자인 | 조현진, 최윤창
인쇄 | 영진문원
제본 | 정문바인텍

ISBN 978-89-04-14141-8 (03230)

저작권자의 허락없이 이 책의 일부 또는 전체를
무단 복제, 전재, 발췌하면 저작권법에 의해 처벌을 받습니다.

다시,
사랑할 수
있을까?

게리 채프먼 지음
유정희 옮김

생명의말씀사

결혼생활의 위기를 맞아 아픔을 겪는 가운데서도

서로 화해하라는 도선을 받아들이고

자신들의 여정을 나눌 수 있게 해준 많은 커플에게

이 책을 바칩니다.

목차

서문 "더는 못 참겠어!" | 8

1부 이렇게 끝나는 걸까?

1장 사라진 장밋빛 꿈 | 16
2장 어디서부터 시작해야 할까? | 30

2부 우리는 다시 사랑할 수 있다

3장 나 자신 변화시키기 | 54
4장 하나님과의 관계 변화시키기 | 72
5장 배우자와의 관계 변화시키기 | 93

3부 위기를 기회로 바꾸는 길

6장 때로는 별거가 더 큰 사랑이다 | 114
7장 외로움을 벗어나 의미 있는 삶으로 | 128
8장 분노의 감정에 지배받지 말라 | 144

4부 위기 이후 화해와 이혼

9장 화해를 위한 실제 지침 | 156
10장 그럼에도 이혼할 수밖에 없을 때 | 168

결론 장밋빛보다 더 아름다운 미래를 꿈꾸며 | 184
주 | 190

서문

"더는 못 참겠어!"

에밀리는 자신의 생각을 말했다. 그것도 아주 명확하게. 그녀는 항상 그렇게 똑부러지게 말했다. 그러나 15년을 같이 살아온 에밀리와 팀 부부는 요즘 들어 말다툼이 잦아졌고, 그녀의 날카로운 말들은 팀의 가슴에 깊은 상처를 남겼다. 돈 문제, 팀의 직장 문제, 정서가 불안정한 양자로 인한 스트레스. 이 모든 일의 배후에는 오랫동안 묻혀 있던 어린 시절의 상처들이 있었다.

천성적으로 좀 더 느긋한 팀도 반복되는 말다툼에 상처받고 패배감에 빠져 이런 생각을 하기 시작했다. "더는 못 참겠어. 과연 참는 게 의미가 있을까?" 친구들 중에는 별거를 권하는 이들도 있었다. 목사님은 참고 견디라고 했다. 그가 아는 상담가는 이렇게 말했다. "당신 자신이 치유받기 위한 '타임아웃'을 가지는 게 좋겠어요."

팀은 그 어느 때보다 혼란스러웠다.

앨리는 텔레비전을 보면서 전화기를 만지작거렸다. 시간이 점점 늦어지고 있는데도 자크는 집에 오지 않았다. 시내 호텔에서 파티 음식 담당 매니저로 일하는 그가 특히 바쁜 시기에는 밤늦게까지 일해야 한다는 걸 앨리도 알고 있었다. 그러나…… 그것이 전부가 아니었다. 뭔가 거리감이 느껴졌다.

곧 앨리는 그 이유를 알았다.

그리고 누가 문제인지도.

케빈은 목사님이 하는 말이 믿기지 않았다. 더그 목사는 이렇게 말했다. "두 사람의 결혼생활을 구하려면 당신과 트리시아가 잠시 떨어져 지내야 할 것 같습니다."

"뭐라고요? 그러니까 집을 나가라는 말씀인가요? 제 아이들을 두고요? 제 직장 동료처럼 '주말 아빠'가 되라고요?"

"네. 저는 당신들이 겪고 있는 문제를 어느 정도 알고 있고, 두 사람이 계속 어떻게 부딪치는지도 압니다. 제 생각에 지금 당신들에게 필요한 건 바로 떨어져 지내는 거예요."

케빈은 혼자 지내는 생활을 상상하며 계속 저항했다. 뭔가 조치가 필요하다는 것은 그도 인정했다. 그와 트리시아는 항상 다투었다. 서로 거의 보지 못할 때를 제외하고는. 그것이 아이들에게도 좋을 리는 없었다. 케빈은 어쩌면 떨어져 지내는 것도 한번 시도해 볼 만한 일일지 모른다고 생각했다.

모든 결혼생활에는 우여곡절이 있다. 그러나 단순한 "조율"이나 아이들 없이 보내는 주말보다 더 많은 것이 필요한 사람들이 있다. 앞서 소개한 사례들처럼 바로 "구조"가 필요한 사람들이다.

이런 경우에는 종종 전문 치료사가 개입해야 한다. 나는 관계에 문제가 있는 사람들을 돕는 일에 몇 년 동안 헌신해 왔다. 내 사무실을 찾아온 이들 가운데 많은 사람이 부부간 별거에 들어가려던 시점에 있었다. 결혼생활의 스트레스가 쌓여 급기야 한쪽 배우자가 집을 나가게 된 것이다. 별거의 아픔과 실제 이혼 가능성이 그들로 하여금 다급히 도움을 청하게 만든 것이다.

아직 집을 나갈 정도는 아니었지만, 별거를 고려하고 있는 부부도 있었다. 어느 쪽이든 그들은 결혼생활을 지속할 수 있다는 희망을 급속히 잃어버리고 있었다. "더는 참을 수 없는" 지점에 이른 것이다.

상담가로서 내가 해야 할 한 가지 역할은 희망을 주는 것이다. 당신이 지금 배우자와 떨어져 살고 있든, 단지 당신의 결혼생활이 허물어지고 있다고 느끼든 간에 당신은 혼자가 아니다. 당신에게는 희망이 있다. 당신의 결혼생활은 힘써 지킬 가치가 있다는 것을 알아야 한다.

물론 쉬운 일은 아니다. 어떤 상담가가 말한 것처럼 "사랑에 빠지기는 쉽지만 사랑을 지키기 위해 힘쓰는 것은 매우 어렵다."[1] 우리 사회에서 그것은 매우 반문화적이기도 하다.

이 책에서 우리는 함께 지내는 것이 더 좋은 이유들을 살펴볼 것이다. 결혼생활을 구조할 수 없을 때는 어떻게 해야 하는지 솔직하게 다룰 것이다. 자신들의 결혼생활을 "벼랑 끝"에서 구한 부부들의 이야기를 나눌 것이다.

이 책은 쉬운 답이나 정해진 공식을 제시하지 않는다. 병에 걸려 헤어질 지경에 이른 결혼생활을 치료할 간단한 약은 없다. 그러나 정말로 도움을 원하는 사람들은 그 약을 삼키기가 어렵더라도 계속 이 책을 읽기 바란다. 당신이 회복될 가능성은 매우 높다.

목회자, 평신도 상담가, 불화나 별거의 극심한 고통 속에 있는 부부를 돕기 원하는 사람에게 나는 누구나 이해할 수 있는 언어로 실제적이고 희망적인 대답을 주고자 노력해 왔다.

이미 이혼한 사람들에게 도움이 되는 책은 많이 있다. 그러나 별거를 고려하고 있거나 결혼생활을 끝낼 생각을 하고 있는 사람들의 고민을 충분히 다루고 있는 책은 거의 없는 것 같다.

케빈이 목사에게 들은 말처럼, 별거가 항상 이혼으로 이어진다고 생각하지는 말라. 별거했다가 회복되어 더 풍성하고 성숙한 결혼생활을 누리게 될 수도 있다. 그러나 그러한 결과는 당사자들에게 달려 있다. 또한 결혼생활의 위기가 올 경우, 즉 한 사람이나 두 사람 모두 "더는 참을 수 없다"고 느껴 결별을 심각하게 고려할 경우, 반드시 이혼하게 된다고 추측해서도 안 된다.

물론 궁극적인 가치는 책을 읽는 것이 아니라 진리를 적용하는 데 있다. "천릿길도 한 걸음부터"라는 옛 속담이 있다. 이 책이 당신의 그 걸음을 도와주기를 소망한다.

1부

이렇게 끝나는 걸까?

1장 사라진 장밋빛 꿈

줄리는 교장 선생님을 만나기 위해 교장실 바깥에 앉아서 기다리고 있었다. 아들이 또 사고를 친 것이다. 이번에는 심각했다. 그녀는 학교에서 멀지 않은 곳에서 일하고 있는 남편 톰에게 문자메시지를 보냈다. 잠시 후, 톰에게 답장이 왔다. "미안, 중요한 회의가 있어서 나갈 수가 없네." 줄리는 약이 올라 발끈했다. 평상시에도 톰은 가족들이 필요로 할 때 와준 적이 없었다. 늘 그런 식이었다. 줄리는 자신이 더 참을 수 있을지 심각하게 고민하기 시작했다.

이 부부는 내가 『미운 남편과 행복하게 사는 법』(살림)에서 말한 현실을 구체적으로 보여주고 있다. 즉 남편과 아내가 서로

"담"을 쌓을 수 있다는 것이다. 각각의 돌은 과거에 둘 중 한 사람이 상대방을 실망시킨 사건을 나타낸다.[1]

마이크라는 남자가 있다. 그는 늘 아내 젠에게 삶을 나누는 것을 좋아했고, 다른 사람들에게 자기 아내를 "가장 좋은 친구"라고 자랑해 왔다. 그런데 두 아이가 생기고 나니, 젠은 아이들 키우는 데만 정신이 팔려 남편에게 별로 신경 쓰지 않는 듯했다. 외롭고 버림받은 것 같은 마이크는 친구들과 근처 스포츠바(sports bar, 술을 마시며 텔레비전으로 스포츠 경기를 관람할 수 있는 술집_편집자)에서 보내는 시간이 점점 많아지기 시작했다. 그러면서 젠과 말다툼하는 일이 잦아졌다. 서서히 그들 사이에는 담이 쌓여 갔다.

어떤 부부들은 말다툼이 끊이지 않는다. 그들에게는 모든 것이 갈등을 일으키는 것 같다. 그들은 육체적으로 아픔을 느낄 정도로 진이 빠져 있다. 더는 서로를 좋아하는지 확신할 수도 없다. 어쩌면 그들은 서로 떨어져 지내는 게 더 낫다고 판단하게 될 것이다.

"우리 아버지는 정말 화를 잘 내는 분이셨어요." 한 여성이 어린 시절을 회상하며 말했다. "아버지와 어머니는 많이 싸우셨어요. 아버지기 소리를 지르시면 어머니는 방어적인 반응을 보이거나 그냥 문을 닫아버리셨어요. 평화로운 순간도 많았지만, 우리 가정은 굉장한 격동의 시기를 보냈어요. 만약 부모님이 헤어지셨다면 더 행복했을까요? 그건 잘 모르겠어요. 그 당시에는 이혼이 흔치 않은 일이었으니까요. 그렇지만 싸움이 타격을 주는 것은 분명한 사실이에요."

작은 죽음

당신의 결혼생활에 서로 잘 지내는 날보다 싸우는 날이 많다면, 이런 의문이 들 것이다. "그 모든 것은 어디로 사라졌을까? 평생 사랑하고 헌신하겠다던 결혼생활의 꿈은 어떻게 된 거지?"

당신이 헤어진 상태라면, 그것이 작은 죽음처럼 느껴질 수도 있다. 배우자의 부재는 날마다 당신이 잃어버린 것을 상기시켜 준다. 몸은 같이 있지만 감정적으로 소원해졌다면, 그것 또한 뭔가가 죽어가고 있는 것처럼 느껴질 수 있다. 꿈, 희망 같은 것들이 말이다. 우리는 "사망의 음침한 골짜기"에 대해 이야기한다. 그러나 음침한 그늘과 사망 자체를 동일시할 수는 없다. 당신이 별거 중이든 아니든, 결혼생활의 위기는 회복의 골짜기가 될 수도 있다. 당신이 느끼는 고통은 결혼생활을 다시 태어나게 할 산통이 될 수도 있다.

다른 한편으로는 별거가 그 끝의 시작일 수도 있다. 당신과 당신의 배우자가 앞으로 몇 주, 몇 달 동안 무슨 말을 하고 어떤 행동을 하느냐에 따라 별거의 열매가 결정될 것이다.

매우 실제적인 의미에서 위기에 처한 결혼생활은 집중적인 관리가 필요하다. 육체적으로 심각하게 위험한 상태일 때 집중 치료가 필요하듯이 말이다. 당신의 결혼생활은 매우 "위태롭다." 언제 어떻게 될지 모른다. 적절한 약물 치료가 반드시 필요하다. 이 책의 목적이 바로 그것이다. 당신은 수술이 필요할지도 모른다. 그러려면 상담가나 목사의 도움을 받아야 할 것이다. 당신이 앞으로 몇 주 동안 무엇을 하는지에 따라 앞으로 몇 년 동안의 삶의 질이 결정될 것이다. 안심하라. 하나님은 결과에 관심을 가지시는 분이다. 당신은 하나님의 초자연적인 도움을 의지할 수 있다.

지금은 항복할 때가 아니다. 부부가 하나 되기 위한 싸움은 사망진단서에 서명을 하기 전까지 끝난 것이 아니다. 당신들이 결혼할 때 함께 품은 꿈과 소망은 여전히 싸워 지킬 가치가 있다. 당신들은 서로 사랑에 빠져서(또는 사랑에 빠졌다고 생각했기 때문에) 결혼했다. 서로 상대방을 가장 행복하게 해주는 완벽한 결혼생활을 꿈꾸면서. 그런데 그 꿈은 어떻게 된 것일까? 뭐가 잘못된 걸까? 그것을 바로잡기 위해 무엇을 힐 수 있을까?

꿈은 다시 살아날 수 있다. 그렇시만 노력 없이는 불가능하다. 그 노력은 경청과 이해, 훈련, 변화를 요구할 것이며, 그 결과 꿈이 실현되는 기쁨을 누릴 수 있을 것이다.

어떤 사람들은 이렇게 말할 것이다. "그럴듯하게 들리지만, 실제로 그렇게 되진 않을 거예요. 우린 전에도 노력해 봤어요. 게다가 제 배우자는 다시 시도하려고 하지도 않을 거예요."

아마 당신이 맞을지도 모른다. 그러나 배우자의 적대적인 태도가 영원히 지속될 것이라고 생각하지 말라. 하나님이 모든 사람에게 주신 선물 중 하나가 바로 "선택"이다. 우리는 달라질 수 있고, 더 좋은 쪽으로 변화될 수 있다. 당신의 배우자는 이렇게 말할지도 모른다. "이제 다 끝났어. 더 이상 그 얘기는 하고 싶지 않아!" 그러나 그로부터 두 주나 두 달 뒤, 당신의 배우자는 이야기를 하고 싶어할지도 모른다. 그동안 당신이 무엇을 하느냐, 그가 하나님의 성령께 어떻게 반응하느냐에 따라 많은 것이 달라질 것이다.

어떤 이들은 이렇게 말할 것이다. "제가 이 결혼생활에 공을 들이고 싶은 마음이 있는지 잘 모르겠어요. 이미 노력해 봤고, 할 수 있는 만큼 다 해봤어요. 하지만 아무 소용이 없어요. 이제는 그만두는 게 더 나을 것 같아요!" 그런 감정에 깊이 공감한다. 우리가 노력하고 또 노력해도 아무 성과가 없을 때, 다시 한 번 시도할 마음조차 없어진다는 것을 잘 안다. 아무 희망이 보이지 않는다. 그래서 포기하는 것 말고는 다른 길이 없다는 결론을 내린다. 우리의 감정은 더 이상 부부관계를 위해 노력할 용기를 주지 않는다. 내가 사람들에게 "당신의 결혼생활을 위해 **노력하고 싶으십니까?**"라고 묻지 않는 이유가 그것이다. 나는 항상 "당신의 결혼생활을 위해 **노력하시겠습니까?**"라고 묻는다. 위기의 순간, 우리는 "하고 싶은" 의욕을 많이 상실한다. 그렇기 때문에 우리는 우리의 가치, 약속, 꿈을 기억해야 한다. 그리고 그것들에 충실하기 위해 해야 할 일들을 하기로 선택해야 한다.

우리는 어디서 도움을 구할 것인가? 그리스도인들에게는 지침이 필요할 때 의존할 수 있는 안정된 근원이 있다. 바로 성경이다. 비그리스도인은 성경을 의지할 수도 있고 안 할 수도 있지만, 그리스도인은 성령에 의해 성경에 이끌리게 되어 있다. 성경에서 우리가 해야 할 일을 발견할 뿐 아니라, 그 일을 하도록 격려도 받는다. 비그리스도인이라도 진심으로 성경에서 도움을 구하면 "내게 능력 주시는 자 안에서 내가 모든 것을 할 수 있느니라"(빌 4:13)는 바울의 말에서 의미를 찾을 수 있다. 그리스도께 나아갈 때, 우리는 자신의 자원으로는 성취할 수 없는 일을 하는 데 필요한 외적인 도움을 발견할 것이다.

잘못된 길!

성경에서 결혼생활에 대한 지침을 구할 때, 우리는 두 개의 표지판을 보게 된다. 하나는 잘못된 길을 가리키고, 다른 하나는 우회로를 가리킨다. 잘못된 길을 나타내는 표지판에는 "이혼"이라는 단어가 보인다. 그리고 우회로를 나타내는 표지판에는 "부부의 하나 됨"이라는 글이 보인다. 그 두 표지판의 의미와 그것들이 가리키는 방향을 잘 살펴보자.

구약성경과 신약성경에 따르면, 이혼은 언제나 잘못된 길을 나타낸다. 처음에 아담과 하와에게 "생육하고 번성하여 땅에 충만하라"(창 1:28)고 말씀하셨을 때 하나님은 부부관계가 평생 지속되는 것은 아니라는 뜻은 조금도 내비치지 않으셨다. 성경에서 이혼이 처음 언급된 곳은 모세의 글이다.[2] 모세는 이혼을 허용했지만, 그것은 절대 하나님이 용납하시거나 권면하신 것이 아니다. 예수님은 나중에 바리새인들에게 모세가 이혼을 허용한 것은 오직 "마음의 완악함"(마 19:8) 때문이라고 설명하셨다. 처음부터 이혼은 하나님의 계획이 아니었다는 것이다. 예수님은 일부일처의 부부관계가 평생 지속되는 것이 하나님의 의도라고 단언하셨다. 하나님이 결혼 제도를 도입하실 때 이혼은 선택사항이 아니었다. 하나님은 일부다처제를 만들지 않으셨듯이 이혼이라는 제도를 만들지 않으셨다. 그것은 인간이 만들어낸 것이다. 하나님이 보시기에 그런 시도들은 언제나 분명하게 잘못된 것이다.

한편 우회로, 즉 "부부의 하나 됨"을 가리키는 표지판은 당신이 목표를 잊지 않았고 길을 벗어나지도 않았음을 나타낸다. 그보다는 두 사람을 이어주는 다리가 붕괴되었기 때문에 별거라는 길로 빙 돌아가고 있을 뿐이다. 부부간의 불화가 결혼생활의 다리를 약해지게 만들었다. 이제 부부간의 화합을 회복하는 길은 더 이상 짧고 곧은길이 아니다.

우회로 표지판이 당장은 고통스럽게 느껴지겠지만, 그 고통 뒤에는 희망이 있다. 적어도 당신에게 주요 경로로 돌아갈 길을 알려주는 표지판이 있는 것이다. 여기서 주요 경로란, 새로워진 결혼생활의 연합으로 향하는 길이다. 주의 깊게 따른다면 당신이 가야 할 길을 발견할 가능성이 매우 크다.

지금 당신은 인생길의 한 분기점에 서 있다. 다음 몇 달 동안 어떤 길을 따를지 선택해야 한다. 우리는 하나님이 결코 이혼을 권장하지 않으신다는 것을 알았다. 그러나 그분은 여전히 인간에게 어떤 길을 갈지 선택할 수 있는 자유를 주신다. 인류 역사 속에서 인간은 여러 번 지혜롭지 못한 결정을 해왔다. 하나님은 그들의 잘못에 대해 당장 그들을 멸하지 않으셨다. 하나님이 그렇게 하셨다면 인류는 수천 년 전에 사라졌을 것이다. 하나님은 우리에게 진정한 자유를 주셨다. 거기에는 하나님을 저주하고 우리 자신의 길을 갈 자유도 포함되어 있다. 성경은 우리가 마음대로 그 자유를 사용하여 우리 자신을 파멸로 이끌었음을 보여 준다(사 53:6).

하나님이 우리에게 허락하신 자유의 원리가 갈라디아서 6장 7절에 나와 있다. "스스로 속이지 말라 하나님은 업신여김을 받지 아니하시나니 사람이 무엇으로 심든지 그대로 거두리라." 하나님은 단지 사람들이 좋은 씨앗 심는 법을 배우기를 바라시며, 우리가 심은 대로 거두게 하셨다. "자기의 육체를 위하여 심는 자는 육체로부터 썩어질 것을 거두고 성령을 위하여 심는 자는 성령으로부터 영생을 거두리라"(갈 6:8).

하나님의 백성을 향한 하나님의 계획은 선하다. 하나님은 결코 우리를 불행하게 만들 만한 것을 제정하지 않으셨다. "여호와의 말씀이니라 너희를 향한 나의 생각을 내가 아나니 평안이요 재앙이 아니니라 너희에게 미래와 희망을 주는 것이니라"(렘 29:11). 하나님께서 이혼이 잘못된 길이라고 말씀하실 때는 삶을 힘들게 만들려고 하시는 것이 아니다. 그분은 번영과 소망의 길을 가리키고 계신다.

"그렇지만 우리에게는 번영과 소망이 없어요"라고 당신은 말한다. 그 말이 맞을지도 모른다. 그러나 과거에 실패했다고 해서 앞으로도 실패하리란 법은 없다. 당신이 성공하지 못한 원인은 아마 다음 세 가지 중 하나였을 것이다. 하나님과의 친밀한 관계가 부족했거나, 배우자와의 친밀한 관계가 부족했거나, 당신 자신에 대한 친밀한 이해와 수용이 부족했을 것이다. 첫 번째와 세 번째 원인은 배우자의 도움 없이도 바로잡을 수 있다. 두 번째 원인은 당연히 배우자의 협력이 필요할 것이다. 세 영역 모두 근본적인 변화가 가능하다. 따라서 당신의 결혼생활이 거듭나는 것 역시 확실히 가능한 일이다.

앞으로 나는 이 세 가지 영역에서 변화를 일으키는 방법을 제시할 것이다. 그러나 먼저, 위기에 처한 부부에게 성경이 요구하는 이상적인 모습은 "화해"라는 사실을 분명하게 밝히고자 한다. 당신은 화해하고 싶은 마음이 들지 않을지도 모른다. 재결합의 희망이 보이지 않을지도 모른다. 그 과정이 당신을 두렵게 할 수도 있지만, 나는 당신에게 하나님의 본을 따르라고 도전하고 싶다.

화해와 회개

성경 전체에 걸쳐, 하나님은 자신의 백성과 사랑의 관계를 맺으시는 것으로 묘사된다. 구약성경에서는 이스라엘 백성과, 신약성경에서는 교회와의 관계가 그렇다. 많은 경우, 하나님은 자신의 선택이 아니라 그들의 선택에 의해 그 백성과 분리되셨다.

어떤 의미에서는 성경 전체가 하나님이 자신의 백성과 화해하려는 시도를 기록한 것이라고 할 수 있다. 호세아서는 그 과정을 가장 생생하게 보여준다.

호세아의 아내 고멜은 몇 번이나 바람을 피웠지만, 하나님은 "이스라엘 자손이 다른 신을 섬기고 건포도 과자를 즐길지라도 여호와가 그들을 사랑하나니 너는 또 가서 타인의 사랑을 받아 음녀가 된 그 여자를 사랑하라"(호 3:1)고 말씀하셨다. 이스라엘이 우상을 숭배하고 하나님께 충실하지 못했는데도 하나님은 "내가 그를 타일러 거친 들로 데리고 가서 말로 위로하고"(2:14)라고 말씀하셨다.

신약성경에서 예수님이 "예루살렘아 예루살렘아 선지자들을 죽이고 네게 파송된 자들을 돌로 치는 자여 암탉이 그 새끼를 날개 아래에 모음같이 내가 네 자녀를 모으려 한 일이 몇 번이더냐 그러나 너희가 원하지 아니하였도다 보라 너희 집이 황폐하여 버려진 바 되리라"(마 23:37-38)고 말씀하실 때, 백성과 분리되는 아픔을 표현하시는 것을 들을 수 있다.

예레미야서에서 하나님은 이스라엘이 광야에서 헌신한 것과 하나님이 그 기간 동안 그들을 적들에게서 어떻게 보호해 주셨는지를 상기시키신다. 그러나 그때 냉담함과 이별이 찾아왔다. "처녀가 어찌 그의 패물을 잊겠느냐 신부가 어찌 그의 예복을 잊겠느냐 오직 내 백성은 나를 잊었나니 그 날 수는 셀 수 없거늘"(렘 2:32).

예레미야서 나머지 부분은 화해를 호소하는 내용이다. "배역한 이스라엘아 돌아오라 …… 나는 긍휼이 있는 자라"고 하나님이 자신의 백성에게 간청하신다(3:12).

그러나 하나님은 자신의 백성에게 "돌아오라"고 초청하시는 것과 함께 그들의 잘못된 행위를 바로잡으시며 "나의 목전에서 가증한 것을 버리고 네가 흔들리지 아니하며"(4:1)라고 명령하신다. 회개 없이는 화해가 있을 수 없다. 부부관계에서도 반드시 상호간의 회개가 있어야 한다. 대부분 실패의 원인은 두 사람 모두에게 있기 때문이다.

나는 당신이 느낄 상처, 아픔, 좌절, 분노, 원망, 외로움, 실망 등을 축소하고 싶지 않다. 과거에 결혼생활에 적응하기 위해 노력하던 것을 가볍게 여기지도 않는다. 그보다 이 장의 목적은 당신의 결혼생활을 위해 싸우라는 도전을 받아들이게 하는 것이다. 그리고 당신이 별거한 상태라면, 이때를 성장과 배움의 기회로 삼게 하는 것이다.

때로 별거는 개인에게 감정적인 편안함을 가셔다순다. 그 편안함을 별거와 이혼이 옳다는 뜻으로 해석하면 잘못이다. 어느 남편은 이렇게 말했다. "몇 년 만에 처음으로 편안한 한 주를 보냈습니다." 그런 편안함은 당신이 전쟁의 현장을 떠났기 때문에 찾아오는 것이다. 자연히 당신은 편안함을 느낀다. 싸움의 현장을 떠났으니 당연한 것 아닌가! 그러나 후퇴는 결코 승리를 향한 길이 아니다. 결혼생활의 원수를 반드시 물리치겠다는 각오를 새롭게 다지고 그 자리에서 나와야 한다.

서문에 나오는 목사가 지혜롭게 이해한 것처럼, 별거는 당신이 계속되는 싸움의 압력에서 벗어나게 해준다. 그것은 의미 있는 결혼생활을 구축하기 위한 성경 원리들을 살필 시간을 준다. 감정과 행위를 분리시킬 수 있는 자기 성찰로 이끈다. 그것이 두 사람의 관계에서 전에 없던 깊고 솔직한 대화를 자극할 수도 있다. 요약하면, 별거는 당신 자신과 배우자를 새롭게 이해할 수 있는 곳으로 당신을 데려간다. 별거가 반드시 종말의 시작이라고 할 수는 없다. 그것은 그냥 새로운 시작일 수도 있다.

별거는 하지 않았지만 고려하는 중이고, 앞으로 당신들의 관계가 어떻게 될지 궁금하다면, 당신은 또한 긴 여정의 시작점에 있는 것이다. 그 길은 멀고 험난하지만 그만큼 깊은 보상이 따를 것이다. 또는 게리 스몰리가 말했듯이, "이 시련을 겸손과 사랑 안에서 성장하라는 초청으로 받아들이라."[3]

자, 이제 시작해 보자.

성 · 장 · 과 · 제

1. 당신이 별거 중이든 결혼생활의 위기에 처했든, 열린 마음으로 다음 장을 읽으라. 그리고 당신의 태도와 행동을 살펴보라.

2장 어디서부터 시작해야 할까?

어디서부터 시작할까?

위기에 처한 많은 부부가 진심으로 그들의 결혼생활이 구조되길 원한다. 그러나 그들은 비관적이다. 같은 문제, 같은 대화가 계속 반복되기 때문이다. 어떤 사람들은 에드 휘트의 책 제목을 인용해서 "혼자서 결혼생활을 구하는" 것이 가능할지 궁금해한다.1 또 어떤 이들은 우리가 본 것처럼, 단지 싸움에 지쳐 있다. 이 회의적인 생각과 피로를 극복하고 치유하는 일을 시작하려면 엄청난 용기가 필요하다. 당신을 부당하게 대했다고 느끼는 사람에게 친절을 베풀 용기, 사랑 안에서 진리를 말할 용기, 관계의 옛 습관들을 버릴 용기가 필요하다.

또한 이혼이 답이 아니라는 것을 깨달아야 한다. 옛날에는 이혼이 매우 드물었고, 영화에 나오는 사람들이나 하는 것이었다. 그러다가 1960년에서 1980년까지 이혼율이 크게 상승했다.[2] 차츰 어느 정도 증가세가 꺾이긴 했지만, 여전히 매우 높다. 너무 쉽게 이혼을 해결책으로 받아들인다. 우리 사회에 이혼이 매우 만연해지면서 이혼을 얼마든지 생각할 수 있는 일, 그저 또 하나의 선택사항으로 받아들이게 된 것이다. 형제자매나 친구, 동료가 이혼하는 것을 보면서 당신은 이렇게 생각할 것이다. "그래, 그럴 수도 있지." 그러나 그 문을 열지 말라!

이제 해야 할 질문은 이것이다. "당신은 노력할 마음이 있는가?" 나는 매우 개인적인 질문으로 이 장을 시작하려 한다. 당신이 내 사무실에 앉아 있다면 나는 같은 질문을 던질 것이다. "당신의 배우자와 화해하기 위해 노력할 것인가? 당신의 에너지와 노력, 시간을 들여 할 수 있는 일을 찾고, 그 다음에 건설적인 행동을 취하겠는가?"

나는 이미 배우자들이 오랫동안 서로 간에 쌓아온 담을 이야기했다. 작가 주디 보드머는 자신의 결혼생활 초기에 일어난 일을 이렇게 묘사한다.

내가 첫 번째 벽돌을 놓던 날을 나는 분명히 기억한다. 우리가 결혼한 지 9개월이 지났을 때다. 같이 영화를 보러 갔고, 나는 래리가 먼저 내 손을 잡아주길 기다렸다. 그것을 통해 사랑의 마법이 계속되고 있다는 걸 증명해 주길 바란 것이다. 그러나 래리는 손을 잡지 않았고, 영화가 진행될수록 나는 점점 속상하고 화가 났다. 그러나 래리는 그 일을 대수롭지 않게 여겼고, 오히려 내가 그렇게 작은 일로 화가 난 것에 깜짝 놀랐다.

그녀는 시간이 갈수록 그 담이 더 높아졌다고 말한다.

마음속에 품은 분노, 충족되지 않은 욕구, 침묵, 무시하는 태도 등의 벽돌들이 하나하나 쌓여 갔다. 결혼생활에 관해 우리가 읽은 책들은 오히려 상황을 악화시켰다. 그 책에 나온 조언들이 문제를 더 혼란스럽게 만든 것이다.

급기야 보드머는 이혼이 유일한 답일지도 모른다는 생각이 들기 시작했다. 어쩌면 그녀가 결국 또 래리와 비슷한 사람과 결혼할 수 있다는 사실을 (현명하게) 깨닫기 전까지는 말이다. "만약 그랬다면, 그 사람의 아이들에 내 아이들, 자녀 양육비, 양육권 싸움 등으로 내 문제가 훨씬 많아졌을 것이다. …… 하나님은 내가 이혼을 하면 현재의 고통을 회피할 수 있지만 결국에는 이혼으로 큰 대가를 치르게 된다는 걸 알려주셨다. 난 그런 대가는 치르고 싶지 않았다."[3]

보드머는 자신이 남편을 바꿀 수 없다는 걸 알았다. 그러나 그녀 자신은 바꿀 수 있었다. 그래서 그녀는 그렇게 하려고 노력했다. 좀 더 사랑하고, 좀 더 인내하고, 비판과 요구는 줄이려고 애썼다. 오랜 시간이 걸렸지만, 그 결과 강하고 깊은 관계를 맺을 수 있었다. "고난과 순종에서 나온" 상급이었다.

결혼생활을 치유하기 위해 꾸준히 노력하는 일은 결코 쉽지 않다. 시간도 많이 걸릴 것이다. 게리 스몰리는 상처가 깊을수록 치유하는 시간도 오래 걸린다고 말했다.[4] 정직함과 용기, 회개하려는 마음, 당신이 한때 즐겁게 연합한 이 사람 없이 살기를 원치 않는다는 깊은 깨달음이 필요하다.

동시에 부부가 화해의 과정을 시작할 때 취할 수 있는 건설적인 행동과 긍정적인 태도가 있다. 특히 별거 중일 경우, 부부는 자신들이 함께 있을 때와 같은 비건설적인 대화를 나누고 있다는 사실을 발견할 것이다. 그러나 일단 부부가 결혼생활을 회복하기 위해 노력하기로 합의했으면, 그들을 헤어지게 만든 갈등들을 해결할 마음의 각오가 된 것이다. 이제 그들은 서로가 아니라 문제에 집중할 수 있다. 당신이 화해하려는 노력을 시작할 수 있도록 그 "벽돌들" 가운데 일부를 제거해 줄 몇 가지 지침을 제시하려고 한다.

"당신이 어떻게 나한테 이럴 수 있어?"

제임스와 주애니타는 3개월째 별거 중이다. 제임스는 일주일에 한 번 다섯 살 된 딸 조이를 만나러 온다. 그가 조이를 데리고 나가서 저녁을 먹을 때도 있고, 주애니타가 함께 식사를 하자고 그를 초대할 때도 있다. 대부분 제임스는 그녀의 제안을 거절하지만, 받아들인 적이 두 번 있다. 주애니타는 긍정적으로 말하려고 노력하지만, 어쩌다 보면 꼭 제임스가 다른 사람을 쳐다본다고 비난하고 있다. 그리고 그때부터 대화가 악화된다.

어느 순간 주애니타는 전부터 하던 말을 반복하고 있다. "당신이 어떻게 나한테 이럴 수 있어? 그러면 내 기분이 어떨 것 같아? 조이는 어떤 기분일 것 같아? 조이가 아무것도 모를 거라고 생각하지 마! 아무리 어려도, 당신이 뭘 하고 있는지 다 안다고."

그런 공격이 시작되면 제임스는 보복과 후퇴 사이에서 갈등한다. 그가 보복을 택하면 주애니타처럼 말로 공격할 수 있을 것이다. 하지만 그는 대개 침묵으로 반응한다. 어떤 때는 아내가 흐느끼고 있는데 그냥 나와 버리기도 한다. 주애니타는 그것을 더 큰 거부로 받아들이고, 적대감은 더 커진다. 분명 별거의 길은 그들을 화해로 인도하고 있지 않다. 그들이 그런 행동을 계속한다면 결국 이혼하고 말 것이다.

자신도 모르는 사이에 주애니타는 자신이 원하는 것과 정반대 결과를 낳고 있는지도 모른다. 그녀는 적대적인 감정과 부정적인 태도의 노예가 되어버렸다. 그녀는 그들이 함께하는 시간을 극도로 불쾌하게 만든다. 제정신을 가진 남자라면 그런 식으로 행동하는 여자에게 돌아오고 싶겠는가? 그가 돌아올 수 없다는 말이 아니다. 그녀의 그런 행동에도 그는 돌아올 수 있다(제임스에 대해서는 나중에 더 이야기하겠다). 그러나 주애니타는 회복이 아니라 서로 더 멀어지게 만들고 있었다.

첫 번째 지침은 이것이다. 당신의 태도와 행동에 주의하라. 즉 **긍정적인 태도와 행동을 유지하라.** 우리는 감정을 결정할 수 없지만, 태도와 행동은 선택할 수 있다.

동시에 부정적인 감정을 인정하되 그 감정에 복종하지 말라. 주애니타가 이런 식으로 말했다면 훨씬 나았을 것이다. "제임스, 당신은 다른 사람을 보고 있지 않다고 말하지만, 난 어떻게 생각해야 할지 모르겠어. 당신을 믿고 싶지만, 과거 일을 생각하면 그러기가 정말 힘들어. 당신이 바람을 피우는 한 우리는 절대 다시 합칠 수 없다는 걸 난 알아. 그건 당신이 결정해야 할 거야. 그동안 난 내 분노에 휩쓸려 우리가 함께 있는 동안 당신을 공격하는 일이 없기를, 특히나 우리 딸 앞에서는 그러지 않길 원해."

주애니타는 지금 감정적으로 자유롭게 제임스에게 긍정적인 영향을 끼칠 수 있다. 그녀는 자신의 감정을 인정했지만 그 감정에 지배받고 있지 않다.

제임스는 어떨까? 그는 어떤 감정과 생각을 갖고 있을까? 아마 매우 사랑받지 못하고 있다고 느낄 것이고, 화가 날 것이다. 주애니타의 과거 행위에 근거해서 그녀에게 적대적인 감정도 갖고 있을 것이다. 그런 감정들 또한 인정해야 한다. 그의 행동은 "그녀에게 그대로 갚아주겠다"는 태도에서 비롯되었을 것이다. "그녀가 나의 애정 욕구를 채워주지 않았기 때문에 내가 다른 데로 눈을 돌릴 수밖에 없었어"라고 생각할지도 모른다. 그런 식으로 자신의 행위를 아내 탓으로 돌리는 것이다.

제임스가 화해하려고 노력하기로 결심한다면 무엇을 할 것인가? 그는 먼저 자신의 감정을 확인하고 인정할 것이다. 주애니타에게 이렇게 말할지도 모른다. "오래전부터 당신이 날 진정으로 사랑하지 않는다고 느꼈어. 노력하고 또 노력해 봤지만, 당신한테서 느껴지는 건 냉담함뿐이었어…… 그래서 나도 화가 나고 당신을 차갑게 대하는 거야. 하지만 그런 감정들이 바뀔 수 있다면 좋겠어."

그러고 나서 그는 다른 여자들과의 관계를 솔직하게 털어놓아야 한다. 그가 다른 사람을 향해 로맨틱한 감정을 느낀다면, 그 문제는 반드시 상의해야 한다. 화해는 언제나 지금 있는 자리에서 시작해야 한다. 로맨틱한 감정을 인정하더라도 그 감정에 굴복하지 않을 수 있다. 화해하려면 모든 불륜 관계를 끊어야 할 것이다. 제임스는 주애니타에게 이렇게 말할지 모른다. "그래, 난 누군가를 보고 있어. 너무 외로우니까. 이 사람은 내 기분을 좋게 만들어줘. 그렇지만 우리의 결혼생활을 회복하기 위해 당신이 나를 도와준다면, 그 관계를 끊을 거야."

한편, 제임스가 다른 여자들과 로맨틱한 감정이나 행동과 상관없는 단순한 친구관계를 맺고 있는 것이라면, 그것을 명백히 밝혀야 한다. 그는 이렇게 말할 수 있다. "주애니타, 내게 다른 사람이 없다는 걸 당신이 믿기 어렵겠지. 충분히 이해할 수 있어. 다른 사람이 없다는 걸 당신에게 보여주기 위해 내가 할 수 있는 일을 다 할 거야. 당신이 나를 다시 믿을 수 있는 날이 꼭 올 거야." 그런 태도와 행동을 통해 제임스는 자신이 화해하기 위해 진지하게 노력하고 있다는 것을 증명해 보일 수 있다.

"다른 사람"

이 책 첫 부분에 언급한 앨리와 자크를 기억하는가? 앨리는 결혼한 지 3년 뒤, 자크가 다른 사람을 바라보고 있다는 걸 알았다. 그 도시에서 열린 어느 컨퍼런스에서 만난 여자였다. 그 사실을 알게 된 순간, 앨리는 결혼생활이 끝났다고 생각했다. 그녀는 자크에게 떠날 것을 요구했다. 그리고 자크는 떠났다.

많은 부부가 별거하게 되기까지는 다른 사람이 개입되어 있다. 그들은 오랫동안 관계가 좋지 않았다. 따뜻한 느낌이나 이해, 단란함이 없다. 앨리가 한동안 자크와 거리감을 느껴왔다는 것을 기억하라. 그러다가 한 배우자가 다른 사람을 만나 사랑에 빠지거나, 적어도 육체적, 감정적으로 강한 매력을 느껴 성적으로든 감정적으로든 불륜에 빠지게 되는 것이다. 어느 시점에서 그 사람은 별거를 결심한다. 어쩌면 그 새로운 사람과 장차 결혼까지 갈지도 모른다는 생각으로 말이다.

남편이나 아내가 다른 관계를 알아챌 수도 있고 알아채지 못할 수도 있다. 배우자가 다른 사람에 대해 솔직하게 말하는 경우도 있고, 극도로 감추려고 하는 경우도 있을 것이다. 어떤 경우든 그런 행동은 화해에 방해가 된다. 두 번째 지침은 이것이다. **다른 성인과의 로맨틱한 관계는 어떻게든 피하거나 그만두라.** 불륜은 선택사항이 될 수 없다.

오해하지 말라. 나는 불륜관계가 주는 딜레마를 깊이 공감한다. 당신은 이혼을 생각하고 싶지 않지만, 불륜관계가 당신의 부부관계보다 훨씬 의미 있어 보일 것이다. 몇 주, 또는 몇 달 만에 당신의 배우자보다 이 사람을 더 많이 사랑하게 되었을 수도 있다. 그러한 자유와 이해를 서로 나눌 수 있다. 당신들은 마치 서로를 위해 존재하는 것 같다. 이렇게 옳게 보이는데 어떻게 그것이 잘못일 수 있단 말인가? 당신은 하나님이 용서해 주실 것이고, 때가 되면 모든 것이 잘 해결될 것이라고 생각한다.

물론 진심으로 죄를 자백하고 회개하면 하나님이 용서해 주실 것이다. 그러나 회개는 죄에서 돌아서는 것을 뜻한다. 우리가 계속 죄를 짓는 동안에는 하나님이 용서하지 않으실 것이다. 또한 용서가 모든 죄의 결과를 제거해 주는 것은 아니다. 다윗의 생애에서 일어난 사건이 좋은 예다(삼하 11:1-12:31). 어느 날 아침, 옥상을 거닐던 다윗은 목욕을 하고 있는 밧세바를 보았다. 그 모습에 반한 그는 밧세바를 더 가까이서 보기 위한 조치를 취했다. 그녀를 궁전으로 데려와 결국 성적인 관계를 맺은 것이다. 그녀를 집으로 돌려보낸 후, 다윗은 평상시처럼 할 일을 했다.

그런데 작은 문제가 하나 생겼다. 밧세바가 임신했다는 소식을 전해 온 것이다. 그녀의 남편, 우리아는 몇 달째 전쟁 중이었다. 그래서 다윗은 우리아에게 삼시 집에 와서 휴식을 취하라고 명령했다. 그가 아내와 사랑을 나누면 그 아이를 자기 아이라고 생각하겠거니 기대한 것이다(한번 죄를 범하면 그 죄를 은폐하기 위한 절차가 시작된다). 그러나 다윗의 계획은 성공하지 못했다. 우리아는 다윗이 생각한 것보다 더 군대에 충성했기 때문이다. 그는 형제들이 전쟁터에 있는데 자기만 아내가 있는 집으로 돌아갈 수는 없다고 했다. 다윗은 그에게 술을 먹였지만, 우리아의 충성심이 술의 힘보다 강했다. 그래서 다윗은 두 번째 계획을 세웠다.

다윗은 우리아를 최전방으로 보내 죽게 했다. 자유롭게 밧세바와 결혼할 수 있게 되자 다윗은 서둘러 그녀를 아내로 맞았다. 이제 모든 것이 해결되고, 그들은 영원히 행복하게 살았다……. 그런가? 아니다! 슬픔에 빠진 다윗이 상한 마음으로 쓴 고백을 듣기 원한다면 시편 51편을 읽어보라.

우리는 결코 죄를 범하는 것을 통해 더 나아질 수 없다. 자백하고 용서받는다고 해서 잘못된 행위의 부정적인 결과를 없앨 수 있는 것은 아니다. 별거와 이혼에서 오는 감정적인 상처들은 결코 없어지지 않는다. 자녀들의 마음에 영원히 새겨진 상처는 절대 지워지지 않을 것이다. 우리 사회는 전반적으로 "그냥 쓰고 버리는 신경증"에 깊이 감염되어왔다. 더 이상 흥미가 느껴지지 않으면 그냥 버리는 것이다. 자동차든 배우자든 상관없다. 아이들이 그렇게 불안정한 것도 이상한 일이 아니다. 부부관계에 신뢰가 부족한 것도 당연하다. 약속은 신빙성이 없어 보인다.

나는 배우자에게 따뜻함을 느끼지 못하고 다른 사람과 사랑에 빠지는 그 고통과 치열한 싸움을 공감한다. 그러나 우리는 감정에 굴복해서는 안 된다. 인생 전체가 걸린 일이다. 감정을 따르는 것은 외로움과 파멸로 치닫는 가장 확실한 길이다. 새로운 애인과 결혼하는 사람들의 절반 이상은 결국 또다시 이혼하게 될 것이다.[5]

배우자에게 돌아가 갈등을 해결하고, 사랑하는 법을 배우며, 우리의 꿈을 재발견하는 것이 가장 유익한 길이다.

이혼하면 행복해질까?

세 번째 지침은 이것이다. **이혼은 우리를 행복으로 인도하지 않는다.** 고(故) 주디스 월러스타인이 그 사실을 확증해 주었다. 전 세계적으로 이혼 결과에 대한 권위자로 알려진 월러스타인은 이혼이 단기적인 고통을 초래할 수 있으나 결국은 장기적인 행복으로 이끌어줄 거라는 가정 아래 연구를 시작했다. 많은 가정을 대상으로 폭넓은 연구를 한 끝에, 그녀는 자신의 생각이 틀렸다고 결론 내렸다. 이혼은 부부나 자녀에게 더 큰 행복이나 더 큰 성취감을 가져다주지 않는다. 사실 이혼의 해로운 결과는 부부와 자녀를 평생 따라다닌다. 그녀가 발견한 사실들은 『두 번째 기회: 이혼 10년 후 남편과 아내, 자녀들』(Second Chances: Men,

Women, and Children a Decade After Divorce)이라는 책에 연대순으로 나열되어 있다.[6]

나는 화해에 이르는 길이 쉽다고 말하려는 것이 아니다. 오히려 그 길이 옳으며, 힘들게 노력한 만큼 그 결과가 가치 있다는 것을 말하고 싶은 것이다. 상담가이자 작가인 미셸 와이너데이비스는 이렇게 말한다. "지난 몇 년 동안 내가 상담한 사람들 중에 배우자를 포기하려고 했다가 상황이 완전히 바뀌어버린 사람이 얼마나 많은지 다 셀 수 없을 정도다."[7]

당신도 할 수 있다.

느낌을 믿지 말라

그러나 당신이 두 번째 지침을 어기고 불륜에 빠졌다면, 그 상대방을 존중하면서 정중하고 공손하게 불륜관계를 끊을 수 있다고 말하고 싶다. 그 관계를 끊을 때, 이혼 가능성은 줄어들고 화해는 확실히 가능해진다. 어떻게 불륜을 끊을 것인가?

먼저, 상대방에게 당신이 그를 배려한다는 것을 분명하게 보여주라. 당신이 결혼서약을 어기는 잘못을 저질렀다는 것을 고백해야 한다. 당신의 배우자와 화해하기 위해 노력하기로 결심했다고 단호하게 말하라. 다시 한 번 상대방에 대한 당신의 감정을 이야기하는 것은 좋으나, 좋은 느낌을 따르기보다 옳은 일을 하기로 선택했다는 것을 확실히 말하라. 인생에서 실패에 이르는 가장 확실한 길은 바로 느낌을 따르는 것임을 명심하라. 당신의 가장 큰 행복은 감정을 따르는 것이 아니라 옳은 일을 행하는 데 있다.

당신이 집에 혼자 남게 된다면 어떻겠는가? 당신의 배우자는 불륜에 빠져 있고 지금 당신과 별거 중이다. 또는 당신이 배우자의 불륜을 의심해서 이혼을 고려하고 있는지도 모른다. 무엇보다 별거의 원인이 오로지 제삼자에게만 있지 않다는 것을 알아야 한다. 네 번째 지침은 **결혼생활의 어려움이 부부가 아닌 누군가가 아니라 바로 당사자들에 의해 생겨난다**는 것이다. 따라서 각 배우자는 화해하기 위해 노력해야 한다. 대부분 결혼생활의 실패는 불륜 사건이 일어나기 전부터 오랜 기간 동안 쌓여 온 것이다. 당신의 잘못과 배우자의 잘못이 결혼생활의 위기를 초래했다. 해결되지 않은 갈등, 충족되지 않은 욕구, 완고한 이기심이 몇 주, 몇 달 동안 조금씩 관계를 부식시켜왔다.

당신은 배우자의 불륜에 어떻게 반응할 것인가? 불쾌한 것은 말할 것도 없다. 그러나 당신의 불쾌함을 어떻게 표현할 것인가? 분노를 폭발하며 미움과 비난을 쏟아낼 것인가? 우울증, 의기소침, 자살 위협으로 대응할 것인가? 아니면 나가서 당신도 바람을 피울 것인가? 당신은 실망하고, 좌절하고, 깊이 상처 받았다. 그러나 무엇이 화해로 인도할 것인가? 아무것도 화해를 가져다 줄 수 없다. 물론 당신의 감정을 표현해야 하지만, 감정의 종노릇은 하지 말라. 배우자에게 당신이 얼마나 깊이 상처 받았는지 말하고, 당신의 지난 잘못들을 인정하며 화해를 요청하라.

배우자가 즉각 반응하지 않거나 처음에는 적대적인 반응을 나타낼 수 있지만, 당신은 첫 걸음을 뗀 것이다. 그 다음 걸음으로는 불륜이 둘 사이에서 화젯거리가 되지 않게 하라. 둘이 만날 때마다 그 이야기를 하고 싶은 유혹을 뿌리치라. 대신 두 사람의 관계 회복에만 집중하라.

당신의 배우자가 당장 불륜관계를 끊지 않을지도 모른다. 그러나 당신이 갈등을 해결하고 희망을 전하기 위해 할 수 있는 일이 많아질수록 화해하는 것이 더 매력적으로 보인다. 당신이 화를 내며 상대방을 몰아세우거나 자기 연민에 빠져 무너질 때는 화해가 그리 바람직해 보이지 않는다.

두 사람이 과거의 실패에 대한 해답을 발견할 수 있다는 희망과 확신을 표현하라. 당신의 희망은 배우자의 마음속에도 희망의 불을 지필 것이다. 배우자가 불륜을 끊기 전까지는 화해할 수 없다는 것은 명백하다. 그렇다고 해서 시간제한을 두거나 특정한 행동을 요구하지는 말라. (물론 당신의 별거 사유에 육체적 학대나 다른 파괴적인 행위가 연루되어 있다면, 그럼에도 조금이라도 화해할 마음이 있다면 당신이 배우자에게 기대하는 바를 아주 명확하게 말해야 한다. 이 주제에 대해서는 6장에서 자세히 논의할 것이다.) 배우자에게 혼자 생각하고, 기도하고, 결정할 시간을 주라. 당신이 화해를 강요할 수는 없다. 다만 미래의 전망을 더 밝게 나타낼 수 있을 뿐이다.

여기서 추가로 언급해야 할 중요한 사실이 있다. 때때로 개인이 지닌 정서적인 문제나 과거의 문제들이 간통을 저지를 가능성을 높여줄 수 있다는 것이다. 중독, 우울증, 조울증이 요인이 될 수 있다. 자크는 매우 뿌리 깊고 오래된 문제들과 씨름하고 있었다. 전문 치료사가 이런 문제들을 다루도록 도와줄 것이다.

별거 기간 동안의 데이트

당신이 별거 중이라면 이렇게 물을지도 모른다. "별거하는 동안 데이트를 해도 됩니까?" 내가 그런 질문을 얼마나 많이 들었겠는가? 또 얼마나 여러 번 힘겨운 대답을 해주었겠는가? "당신이 결혼할 자유가 없다면 데이트할 자유도 없습니다!" 화해의 길에 관한 다섯 번째 지침은 이것이다. **별거 기간에는 데이트를 하지 말라.**

"당신이 결혼할 자유가 없다면, 데이트할 자유도 없다!" 내가 이 문구를 처음 본 것은 브리튼 우드의 『독신자도 교회가 되기 원한다』(Single Adults Want to Be the Church, Too)[8] 라는 책에서다. 오랫동안 별거 중인 사람들과 상담해 온 나는 그 어느 때보다 우드의 말이 옳다고 확신한다. 별거 중일 때 다른 사람과 데이트를 하기 시작하는 것은 화해를 더 어렵게 만든다. 데이트를 많이 할수록 물은 더 탁해진다.

물론 당신은 외롭고, 누군가를 만나고 싶을 것이다. 때로는 견딜 수 없을 만큼 그 짐이 무겁게 느껴질 것이다. 우리 사회에서는 별거 중에 데이트하는 것을 수용하고, 심지어 권장한다. 그러나 데이트를 하는 사람들은 대부분 배우자와 화해하지 않을 것이다. 그들은 결국 이혼할 것이다. 데이트는 화해를 위한 치료법이 아니라 재혼의 전주곡이다.

물론 당신에게는 친구들이 필요하다. 당신의 이야기를 들어줄 사람이 필요하다. 당신에게 관심을 기울이고 무거운 짐을 지는 것을 도와줄 사람들이 필요하다. 그러나 데이트는 그런 도움을 찾을 최적의 환경이 아니다. 그런 도움을 어디서 찾을 수 있는지는 7장에서 자세히 이야기하겠다.

별거 기간 동안 당신은 매우 연약하여 상처받기 쉽다. 불행히도 당신의 그런 연약함을 이용하려는 이성들이 있다. 그들은 당신에게 관심이 있는 척하지만 실은 자신의 욕구를 충족시키기 바쁘다. 나는 많은 사람이 그런 경험으로 큰 충격에 빠지는 것을 보았다. 당신의 감정은 이랬다저랬다 하며, 당신을 존중해 주고 따뜻하게 대해 주는 사람에게 빠져들기 쉽다.

이혼하고 나서 바로 다음날 결혼하는 사람이 얼마나 많은지 아는가? 틀림없이 그들은 배우자와 떨어져 지내는 동안 데이트를 해왔을 것이다. 별거 기간이 화해를 위해 노력하는 시간이 아니라면, 결국 이혼과 재혼에 이르는 활동에 뭐 하러 에너지를 쓰는가? 별거는 이혼과 동등한 것이 아니다. 우리는 떨어져 지내지만 아직 결혼한 상태이고, 배우자가 어떻게 하든 간에 우리는 결혼한 사람으로 살아야 한다.

이 사실을 받아들이기 힘들 것이다. 그러나 별거를 하자마자 인터넷 데이트를 포함하여 공개 데이트를 하는 요즘 유행을 따라서는 안 된다. 그런 활동이 이혼을 부추기고 이혼율을 더 높이고 있다. 인간의 선택에 힘이 있다고 믿는다면, 별거 중인 배우자가 별거를 그만두고 화해를 위해 노력할지도 모른다는 것을 인정해야 한다. 그런 날이 온다면 당신도 준비하길 원할 것이다. 다른 사람을 만나는 것은 준비하는 자세가 아니다. 친구들을 사귀되, 당신의 결혼생활의 운명이 결정되기 전까지 연애는 하지 말라.

몸은 떨어져 있지 않지만 결혼생활이 위기에 처해 있고 어떻게 될지 잘 모르겠다면, 당신도 유혹에 약해지기 쉽다. 여자들은 특히 같이 일하는 동료, 친구의 남편, 배우자와 달리 자신을 "이해해 주는" 것 같은 소그룹 회원에게 마음이 끌릴 수 있다. 내가 아는 한 여성은 이렇게 말했다. "이 사람이 자신을 이해해 준다는 느낌만큼 여자에게 유혹적인 것은 없다. 그러므로 어떤 남자가 오랜 남편과 달리 자신을 이해해 주는 것 같으면 조심해야 한다."

다시 말하지만, 나는 따뜻함과 친밀한 우정을 갈망하는 당신의 마음을 공감한다. 그러나 위험을 감지하라.

법적인 합의는 어떻게 해야 하는가

"별거 서류를 작성하는 것이 좋을까요, 아니면 괜히 이혼할 가능성만 더 높아질까요?" 많은 사람이 법적인 별거 서류에 사인을 하면 이혼이 불가피해지는 것처럼 생각한다. 그렇지 않다. 많은 부부가 화해를 기념하며 별거 서류를 태워버리는 즐거움을 경험했다. 현 상태에서 별거 서류는 단지 두 사람이 서로 동의하는 진술서로, 그들이 떨어져 지내는 동안 관계의 지침이 되어줄 것이다. 가장 큰 두 가지 관심 분야는 재정과 자녀 양육이다. 문제는 이것이다. "우리가 떨어져 지내는 동안 재정을 어떻게 관리할 것인가? 그리고 우리 각 사람이 자녀들과 어떤 관계를 가질 것인가?"

그러므로 마지막 지침은 이것이다. **어떤 법적인 별거 서류든 천천히 작성해 가라.** 별거한 지 2-3주 안에 두 사람이 화해를 위한 조치를 취할 수 있다면 별거 서류는 필요하지 않을 것이다. 그것이 가장 이상적이다. 만나서 문제를 해결할 거라면 뭐 하러 그런 법적인 일에 돈을 쓰겠는가? 몸은 떨어져 있더라도 재정적인 계획에 서로 합의해야 하고, 부모라면 자녀들과의 관계를 서로 의논해야 한다. 그것을 합의할 수 없다면, 둘 중 한 사람 또는 둘 다 화해를 위해 노력하지 않고 있다는 뜻일지도 모른다.

몇 주가 지났는데 서로 전혀 화해하려는 움직임이 없다면, 그때는 법적인 별거 서류가 필요할 것이다. 특히 부부가 공정한 재정적 협의에 이르지 못했거나 자녀들이 방치되거나 학대받고 있을 때는 더욱 필요하다. 그런 경우에는 배우자에게 책임을 부과하기 위해 법적인 압력이 필요할 수도 있다.

다시 말하지만, 별거 서류를 작성한다고 해서 반드시 이혼하게 되는 것은 아니다. 물론 어떤 주에서는 이혼하려면 그 전에 별거 서류를 작성해야 하지만, 별거 서류가 이혼을 결정짓는 것은 아니다. 이혼을 결정하는 것은 별거 기간 동안 서로 무슨 말을 하고 어떤 행동을 하는지다. 두 사람이 화해하여 헤어지는 대신 함께 살기로 하면 그런 서류 따위는 언제든 파기할 수 있다.

별거는 한 배우자가 다른 배우자를 짓밟는 시간이 아니다. 사랑한다고 해서 무책임한 배우자에게 자격을 주어서도 안 된다. 자신의 책임을 다하지 않는 사람에게는 누군가가 책임을 지워줘야 한다. 그것이 결혼생활 안에서 문제를 일으켰는지도 모른다. 별거하는 중에도 그런 상태가 계속되게 해서는 안 된다. 이때 법적인 압력이 도움이 될 것이다. 법적인 서류는 당신들이 서로 화해할 수 없다는 뜻이 아니다. 배우자가 법적 서류에 사인할 것을 요구할 경우 거절해 봐야 득이 될 것은 거의 없다. 당신이 사인하는 합의문을 잘 지키며 살 수 있다는 것을 확실히 보여주라.

이 장에서 논의해 온 문제들을 과소평가하지 말라. 당신이 화해를 위해 노력할 것이라면, 반드시 긍정적인 태도를 택하고, 불륜에 빠지지 말며, 결혼생활의 어려움을 제삼자의 탓으로 돌리지 말고, 데이트를 삼가며, 별거 기간 동안 서로 존중하라. 이 원칙들을 어기면 화해의 희망은 줄어든다.

이 장 마지막을 장식할 성장 과제는 당신 자신을 더 잘 이해하고 화해를 위해 건설적인 행동을 취하도록 도와줄 수 있다.

성 · 장 · 과 · 제

1. 당신이 화해를 위해 노력할 거라면, 어떤 태도나 행동의 변화가 필요할 것인가? "나는 ……할 것이다"라는 형식으로 다섯 문장을 적어보라.

2. 당신은 그런 변화들을 일으킬 마음이 있는가? 그렇다면 오늘 시작해 보지 않겠는가? 배우자에게 당신이 뭘 하고 있는지 꼭 알릴 필요는 없다. 그저 기회가 있을 때마다 그것을 행하라.

2부

우리는 다시 사랑할 수 있다

3장 나 자신 변화시키기

불행한 사람들이 불행한 결혼생활을 만든다는 말이 있다. 주디 보드머가 깨달은 것처럼, 당신은 배우자를 변화시킬 수 없어도 당신 자신은 변화시킬 수 있다.

1장에서 살펴본 대로, 결혼생활이 실패하는 데는 중요한 세 가지 원인이 있다. 하나님과의 친밀한 관계가 부족하거나, 배우자와의 친밀한 관계가 부족하거나, 당신 자신에 대한 친밀한 이해와 수용이 부족한 것이다. 그중 마지막 원인을 이 장에서 살펴볼 것이다. 어떤 사람은 당연히 하나님과의 관계부터 시작할 거라고 생각했겠지만, 사실은 자신에 대한 이해가 하나님과의 관계에 큰 영향을 끼친다. 이번 기회에 한 개인으로서 당신 자신의 자산과 부채를 재발견하여, 개인의 성장을 위한 적극적인 조치를 취해야 한다. 결혼생활의 위기를 맞아 싸우고 있다면, 당신 자신을 깊이 들여다보는 것을 통해 새로운 변화를 일으킬 수 있고 또 그래야만 한다.

대부분의 사람들은 자신의 가치를 과소평가하거나 과대평가하는 경향이 있다. 우리는 우리 자신을 쓸모없는 실패작으로 여길 수도 있고, 세상을 위한 하나님의 선물로 여길 수도 있다. 양극단 모두 옳지 않다. 사실 당신의 감정과 생각과 행동양식, 즉 당신의 성격은 강점과 약점을 모두 가지고 있다.

"몇 년이 지나서야 나 자신을 받아들일 수 있었어요"

열등감을 느끼는 사람은 자신의 약점을 강조한다. 우리의 실패에 초점을 두면 우리 자신이 실패자로 보인다. 우리의 약점에 주의를 기울이면 우리 자신을 연약한 사람으로 여기게 된다. 열등감은 종종 어린 시절의 경험에서 비롯된다. 즉 부모나 다른 사람들이 무심코 우리에게 멍청하고, 어리석고, 못생겼고, 덜렁대고, 다른 면에서 부족하다는 말을 했기 때문에 생긴 것이다.

위궤양을 앓는 열세 살 소년이 내게 이런 말을 했다. "채프먼 박사님, 저는 아무것도 제대로 하는 게 없어요."

"왜 그런 말을 하니?"라고 내가 물었다.

"음, 제가 성적표에 B를 받아 오면 아버지는 항상 '넌 A를 받았어야 해. 아들아, 넌 똑똑하니까 더 잘할 수 있어'라고 말씀하세요. 제가 야구를 할 때 더블 플레이를 잡으면 아버지는 '넌 거기서 트리플 아웃을 시켜야 했어. 그렇게 못하겠니?'라고 하세요. 제가 잔디를 깎으면 아버지는 '덤불 밑에는 들어가지도 않았잖아'라고 말씀하세요. 전 아무것도 제대로 하는 게 없어요!"

그 아버지는 자신이 아들에게 무슨 말을 하고 있는지 몰랐다. 그의 목적은 아들이 최선을 다하도록 격려하려는 것이었지만, 사실상 그는 아들에게 열등감을 심어주고 있었던 것이다.

또 다른 여자는 이렇게 말했다. "어릴 때는 여러 가지 면에서 언니가 늘 저보다 뛰어난 것 같았어요. 그러니까 어릴 때 중요하게 여기는 그런 일들에서 말이에요. 스포츠라든가 친구들과 잘 어울리는 것, 남자친구를 사귀는 것 등이 있죠. 생머리가 유행할 때 마침 언니는 생머리였어요. 전 아니었죠. 우리 부모님은 제가 열등감을 느끼게 만들지 않으셨어요. 나 스스로 열등감을 가진 거죠. 몇 년이 지나서야 나 자신을 받아들일 수 있었어요. 지금도 가끔은 예전 감정들이 살짝 스쳐가곤 해요."

열등감은 주로 다른 사람들과 비교하면서 더 커진다. 열등감을 느끼는 사람은 늘 자기보다 나은 사람과 자신을 비교한다. 물론 누구나 자기보다 더 아름답거나, 더 잘생기거나, 더 운동을 잘하거나, 더 똑똑한 사람을 발견할 수 있다. 그런데 그런 영역에서 당신보다 못한 수많은 사람은 보이지 않는가? 열등감을 느끼는 사람은 절대로 그들과 자기 자신을 비교하지 않을 것이다.

나는 민수기 13장에 기록된 정탐꾼들의 보고를 떠올려 본다. 모세는 가나안 땅에 열두 명의 정탐꾼을 보냈다. 다수(열두 명 중 열 명)의 보고가 돌아왔다. "거기서 본 모든 백성은 신장이 장대한 자들이며 거기서 네피림 후손인 아낙 자손의 거인들을 보았나니 우리는 스스로 보기에도 메뚜기 같으니 그들이 보기에도 그와 같았을 것이니라"(32-33절).

"메뚜기 근성"은 열등감을 느끼는 사람들의 일반적인 특성이다. 많은 여성이 이렇게 말한다. "내가 느끼기에 나는 너무 못생겼고, 다른 사람들도 다 그렇게 생각할 거예요." 한 여성은 자신이 너무 못생겼다고 생각해서 쇼핑하러 가지도 않는다. 자신의 모습을 보이고 싶지 않아서다. 그런데 그런 여성들을 보면 하나같이 못생기지 않았다. 단지 자신이 느끼는 것처럼 다른 사람들도 자신을 그렇게 생각할 거라고 결론 내렸을 뿐이다. 모든 자아 개념에는 세 가지 관점이 들어간다. (1) 내가 나 자신을 바라보는 관점, (2) 다른 사람들이 나를 보는 관점, (3) 내가 생각하기에 다른 사람들이 나를 보는 관점이다. 1번과 3번은 종종 일치

하지만, 2번은 거의 항상 다르다. 사람들은 우리가 자신을 바라보는 것처럼 우리를 보지 않는다. 열등감을 가진 사람은 자신을 아는 사람들 중 99퍼센트가 그 자신이 생각하는 것보다 그를 더 똑똑하고, 더 매력적이고, 더 가치 있는 사람으로 인식한다고 믿어도 좋다. 왜 사람들이 당신을 멍청하고, 못생기고, 쓸모없는 사람으로 생각한다는 착각 속에 사는가? 사실 사람들은 당신을 그렇게 생각하지 않는데 말이다.

"하지만 채프먼 박사님, 박사님은 몰라요. 사람들은 정말로 제가 멍청하다고 생각하는 걸요"라고 말하는 사람이 있었다. 그러고는 자신이 세 살 때부터 겪은 일들을 모두 이야기하며 사람들이 그를 멍청하다고 생각한다는 사실을 증명하려 했다. 나는 내 담자가 똑똑하다는 것을 증명해 줄 수 있는 사람을 수십 명은 불러낼 수 있지만, 그래봐야 그를 감동시킬 수 없을 것이다. 그의 생각은 이미 확고했다. 그는 자신이 멍청하다고 생각하고, 아무도 그에게 다른 확신을 심어주지 못할 것이다.

똑같은 사람은 아무도 없다. 따라서 특정 영역에서 당신보다 뛰어난 능력을 가진 사람이 많다. 당신이 탁월하게 잘하는 일도 있고, 거의 못하는 일도 있다. 누구나 그렇다. 그런데 왜 굳이 당신의 약한 부분들을 크게 부각시켜야 하는가?

당신에 관한 진실

낮은 자존감과 싸우는 사람은 결혼생활의 실패를 자기 탓으로 돌릴 것이다. 그리고 배우자에게 다시 시작할 기회를 달라고 애원할 것이다. 그런데도 거절을 당하면 깊은 우울증에 빠져 자살까지 생각하게 될지도 모른다. 그런 사람들은 자신의 성격에서 가장 약한 부분(열등감)이 행동을 지배하게 한다.

지속적인 침체를 해결하는 방법은 무엇인가? 성경에 나오는 가장 강력한 말씀 중 하나가 시편 15편 2절의 훈계다. 그 말씀은 우리에게 마음으로 진실을 말하라고 도전한다. 우리는 자신에게 진실을 말해야 한다. 예수님은 진리가 우리를 자유케 한다고 말씀하셨다(요 8:31-32).

다음은 당신에 관한 몇 가지 진실이다. 당신은 하나님의 형상으로 창조되었다. 당신은 엄청난 가치가 있다. 당신이 가진 능력은 매우 많다. 당신에게는 다른 사람들이 칭찬할 만한 특성이 많다. 물론 당신은 실패를 경험했을 것이다. 그렇지 않은 사람이 누가 있는가? 그렇다고 해서 당신이 실패자인 것은 아니다. 당신이 실패를 선택할 경우에만 실패자가 될 것이다. 반면에 당신이 성공을 택하면, 당신의 열등감을 비롯하여 그 무엇도 당신의 목표 달성을 막지 못할 것이다.

생각을 전환하는 첫 단계는 하나님이 당신을 포기하지 않으셨다는 사실을 깨닫는 것이다. 사도 바울은 이렇게 말했다. "너희 안에서 착한 일을 시작하신 이가 그리스도 예수의 날까지 이루실 줄을 우리는 확신하노라"(빌 1:6). 지금까지 있었던 모든 일, 당신의 모든 실패에도 하나님은 여전히 당신을 온전케 하려 하신다. 그분은 당신의 삶에 대해 확고하고 분명한 목적을 갖고 계신다. 당신은 자신에게 진실을 말하고 그대로 행동해야 한다.

"그건 그들 잘못이야"

정반대의 성격 유형은 자신이 "가장 훌륭하다"고 생각하는 사람이다. 그에게 잘못이란 있을 수 없다. 그는 "우리의 결혼생활에 문제가 있다면, 그건 분명 제 배우자 때문일 겁니다"라고 말한다. 이렇게 자아도취에 빠진 사람은 실패에 직면할 때 자신이 완벽하지 않다는 것을 냉철하게 인정할 것이나, 진짜 문제는 배우자에게 있다고 주장할 것이다.

이런 사고와 감정, 행동양식 역시 어린 시절에 시작된다. 바로 "버릇없는 아이"다. 이 아이는 책임을 질 일이 거의 없었다. 세상이 자기 때문에 돌아간다고 믿으며 자랐다. 그는 다른 사람들에게 많은 것을 요구한다. 다른 사람들의 단점을 참지 못하는 그는 종종 다른 사람을 이용하려고 하기 때문에 관계를 손상시킨다. 그는 지배하려는 성향과 의지가 매우 강하다. 배우자가 저항하면 더 몰아세운다. 스스로 우월하다고 느끼는 그는 배우자가 잘 따르지 않을 경우 배우자를 탓하며 별거를 선택할 것이다.

우월감을 느끼는 사람을 자유롭게 하는 진리는 무엇일까? 바로 그리스도의 십자가 아래 땅은 평평하다는 의식이다. 우리는 모두 용서가 필요하다. 때때로 우월감을 느낄 때 우리는 다른 사람들만큼 많이 실패했다는 것을 인정해야 한다.

어쩌면 다른 사람의 실패를 크게 떠벌리면서도 자신의 실패는 인정하고 싶지 않았을 것이다. 물론 당신은 중요한 사람이다. 그러나 당신의 배우자를 포함한 다른 사람들도 당신만큼 중요하다. 당신은 똑똑하지만, 그 똑똑함은 하나님의 선물이다. 당신은 그것을 주신 하나님께 감사해야 한다. 당신은 많은 목표를 이루는 데 성공했다. 정말 훌륭하다! 이제는 당신의 성공 비결을 다른 사람들과 나누고 "주는 것이 받는 것보다 복이 있다"(행 20:35)는 예수님 말씀의 의미를 경험으로 배우라.

당신이 느끼는 우월감이 당신을 우월하다는 결론으로 이끌었는가? 그렇다면 이제는 자백하고 회개할 때다. 높은 자리에서 내려와 다른 형제자매들과 함께 삶을 즐기라. 당신은 중요한 사람이 되기 위해 완벽함을 주장하지 않아도 된다. 당신이 자신의 약점을 인정하더라도 사람들은 당신을 하찮게 여기지 않을 것이다. 사실 과거에 사람들이 당신을 멀리한 것은 당신의 우월감 때문이었다.

결혼생활이 파탄나면, 특히 헤어지고 나면, 자기도취에 빠진 사람은 보통 실패의 원인을 배우자에게 돌릴 것이다. 우월감을 느끼는 사람이 먼저 집을 나가거나 불륜을 저지른 당사자일지라도, 거의 항상 배우자를 탓할 것이다. 배우자 때문에 자신이 그런 행동을 할 수밖에 없었다고 우기는 것이다. 마침 배우자가 열등감을 가진 사람이라면, 아마 그 비난을 받아들이고 매우 괴로워할 것이다.

우월감을 가진 사람은 자신의 악한 행위를 재빨리 합리화한다. 성경이 어떻게 말하는지도 안다. 그러나 그들의 경우에는 그 악한 행위가 허용되는 여러 가지 이유를 내세울 수 있다.

"나는 우월하다"라고 생각하는 사람이 회복되는 첫 단계는 자신이 인간이라는 사실을 깨닫는 것이다. 어떤 인간도 완벽하지 않다. 당신이 실패한 일들을 분명히 밝히고 그것을 하나님과 배우자에게 자백하라. 되도록 구체적으로 밝히라. 자백으로 향하는 길에서 당신은 많은 친구를 발견할 것이다. 그러나 자기 의(self-righteousness)로 향하는 길은 날마다 더 외로워진다.

사람은 변할 수 있는가

우리는 지금까지 성격의 한 면만 살펴보았다. 즉 자신에 대한 열등감이나 우월감만 다루었다. 그러나 성격은 인간의 모든 경험을 총망라한다. 내가 "성격"이라는 단어를 쓸 때는 당신만의 독특한 사고, 감정, 행동방식을 말하는 것이다. 사람들의 성격 유형을 일반적인 범주로 나누기도 하지만, 성격이 같은 사람은 아무도 없다. 대부분의 성격 특성들은 대조적인 단어로 표현된다. 즉 어떤 사람에 대해 말할 때 낙관적인지 비관적인지, 소극적인지 적극적인지, 비판을 많이 하는지 칭찬을 많이 하는지, 외향적인지 내향적인지, 말이 많은지 조용한지, 참을성이 많은지 적은지를 이야기한다.

우리의 성격은 삶의 양식에 큰 영향을 끼친다. 이 시대의 비극은 우리의 성격이 대여섯 살 때 결정되며 우리 운명이 정해져 있다고 믿게 된 것이다. 많은 사람이 덫에 걸렸다고 느낀다. 과거에 문제를 일으킨 사고, 감정, 행동방식을 보며 아무리 해도 그 방식들을 바꿀 수 없었을 거라고 결론 내린다. 그러나 그것은 전혀 사실이 아니다.

물론 어른이 되어서도 그런 성향들이 지속될 수는 있다. 즉 우리는 특정한 성격 양식에 영향을 받는다. 그러나 우리 삶이 반드시 그 양식들에 지배받는 것은 아니다. 교육, 영적 회심, 그리스도인의 성장에 관한 모든 사상은 결정론과 반대된다. 결정론은 삶의 질이 어릴 때 형성된 양식으로 결정된다는 것이다. 성경은 삶의 질에 대한 책임이 우리에게 있다고 말한다. 하나님에 대한 우리의 반응, 우리의 의식적인 결정, 우리가 선택하는 태도가 그 질을 결정한다. 성격이 우리 자신을 지배한다고 생각하지 말라. 성격 패턴을 이해하고, 장점을 잘 활용하며, 자신이 약한 부분에서도 성장하려고 노력해야 한다. 당신이 강한 부분에서는 탁월한 능력을 발휘하고, 약한 부분에서는 성장하도록 노력하라.

당신은 자신에 대해 무엇을 알고 있는가? 지난 몇 년 동안 당신은 어떤 사람이었는가? 삶을 향한 당신의 마음 상태는 부정적이었는가, 긍정적이었는가? 어떤 아내는 이렇게 말했다. "제 남편은 너무 부정적이에요. 아침에 일어날 때 '이런, 너무 많이 잤어!'라거나 '맙소사, 너무 일찍 일어났잖아!'라고 말한답니다." 그 남편에게는 매일 시작부터 잘못된 것이다. 그런 태도로는 승리할 길이 없다. 이 글을 읽고 정말 바보 같다고 생각하겠지만, 실제로 수많은 사람이 그런 태도로 살려고 한다. 항상 모든 일에 잘못이 있는 것이다. 혹시 당신이 그런 태도를 갖고 있는가? 그렇다면 그것이 결혼생활의 파탄에 원인이 되었다고 생각하는가? 날마다 당신이 전하는 불행한 소식을 듣고 사는 배우자가 느꼈을 감정적 탈진 상태를 상상할 수 있겠는가?

당신은 다른 사람들에 대해 비판을 많이 하는가, 칭찬을 많이 하는가? 당신 자신에 대해서는 어떠한가? 오늘 하루를 돌아보라. 자신에게 칭찬을 해준 적이 있는가? 다른 사람을 칭찬해 준 적은 있는가? 다른 한편으로, 어떤 사람에 대해 비판하는 말을 한 적이 있는가? 당신 자신에 대해서는 어떠한가? 그것이 당신에게 하나의 생활 패턴이 되었는가? 그것이 당신의 결혼생활에는 어떤 영향을 끼쳐왔는가?

당신의 의사소통 방식은 어떠했는가? 마음속에 담아두는 편인가 밖으로 표현하는 편인가? 어떤 아내는 이렇게 말했다. "제 남편은 자기 생활 속에서 일어나는 일들을 저한테 전혀 얘기하지 않았어요. 남편은 기본적으로 자신의 삶을 살았고 저도 제 삶을 살았지요. 그게 좋진 않았지만, 뭘 어떻게 해야 할지 몰랐어요. 어느 날 남편이 집에 와서는 떠나겠다고 말하더군요. 믿을 수가 없었어요. 그렇게 심각한 상태인 줄 몰랐거든요."

어떻게 그런 상황이 발생할 수 있었을까? 배우자 중 한쪽 또는 양쪽 다 모든 걸 마음속에 담아두는 자연적 성향에 따르다 보니 서서히, 그러나 확실하게 결혼생활을 마비시켜버린 것이다. 그런 결혼생활이 치유될 수 있을까? 그렇다. 그러나 아마 수술 (상담가나 목회자의 기술)이 필요할 것이다. 일단 우리의 감정을 표출하고 나면, 해답을 찾아갈 수 있다.

당신의 배우자를 포함하여 어느 누구도 문제를 인식하기 전에는 해답을 찾기 위해 애쓸 수 없다.

당신은 감정을 묻어두는 편인가? 그렇다면 이 시간을 계기로 감정을 표출하는 법을 배우라. 상담가나 믿을 만한 친구를 찾아가 도움을 청하라. 다른 사람과 건설적으로 소통하는 법을 배우면 배우자와도 의사소통을 잘 할 수 있을 것이다. 말을 잘 하지 않는 성향이 다 나쁜 것은 아니다. 성경은 심지어 우리에게 "말하기는 더디 하라"(약 1:19)고 도전한다. 다만 그 성향이 극단에 치우칠 때 문제가 생기는 것이다. 당신이 지닌 기본적인 성격상의 약점들을 발견하면 그것이 결혼생활에 어떤 영향을 끼쳤는지 알게 될 것이다. 그런 패턴들은 하나님의 도우심으로 많이 변화될 수 있다.

바꿀 수 없는 부분을 받아들이라

"구스인이 그의 피부를, 표범이 그의 반점을 변하게 할 수 있느냐?"(렘 13:23) 예수님은 "너희 중에 누가 염려함으로 그 키를 한 자라도 더할 수 있겠느냐"(마 6:27)라고 물으셨다. 그 두 질문의 답은 간단하다. 당연히 그럴 수 없다. 어떤 것들은 변할 수 있다. 그러나 당신의 키, 피부색, 골격, 눈동자 색깔은 현대 의학이 새로운 발견을 하기 전까지는 바뀌지 않을 것이다.

아마 변하지 않는 요소 가운데 가장 영향력 있는 것은 당신의 역사일 것이다. 분명 그것은 변할 수 없다. 이미 지난 일이고, 과거는 돌이킬 수 없는 법이다. 당신의 부모님이 좋은 분이든 나쁜 분이든, 돌아가셨든 살아 계시든, 유명인이든 무명인이든 간에 그들은 당신의 부모님이다. 그 사실은 바뀔 수 없다. 당신의 어린 시절이 즐거웠든 고통스러웠든 간에, 그것은 당신의 어린 시절이며 늘 역사로 존재한다.

결혼생활도 마찬가지다. "우린 애초에 결혼하지 말았어야 해"라고 생각해 봐야 무슨 소용이 있는가? 어쨌든 그 사실은 변하지 않는다. 결혼생활에서 일어난 사건들 또한 역사다. 당신은 그중 어느 것도 무효로 만들 수 없다. 어떤 말도 다시 주워 담을 수 없고, 어떤 행동도 돌이킬 수 없다. 실패에 대해 용서를 구할 수는 있지만, 그런다 한들 우리 죄의 모든 결과를 없앨 수는 없다.

우리의 역사는 바꿔야 하는 것이 아니라 받아들여야 하는 것이다. 예수님은 우물가에서 만난 여인에게 다섯 번 결혼한 과거를 지우라고 요구하지 않으셨다. 그런 일은 불가능하기 때문이다. 예수님은 단지 여인의 명백한 갈증을 해소해 줄 물을 주셨을 뿐이다(요 4:5-29).

"내가 ……했더라면 어땠을까" 하는 생각은 시간과 에너지를 낭비할 뿐이다. 그저 우리 자신과 하나님, 배우자 앞에서 실패를 인정해야만 한다. 하나님의 용서를 받아들이고, 당신 자신을 용서하며, 당신의 배우자도 그와 같이 하리라는 것을 믿으라. 그 이상은 과거를 다룰 수 없다. 당신은 미래에 집중해야 한다. 미래를 만들어가는 것은 당신 손에 달려 있기 때문이다.

결혼생활의 위기를 계기로 삼아, 당신의 성격을 정직하게 살펴보지 않겠는가? 당신의 기본적인 사고와 감정, 행동방식을 찾아내라. 그 다음에 당신의 강점이 어디에 있는지 판단하고, 그것들을 활용하여 당신의 지경을 넓히라. 그와 동시에 당신의 약점들을 현실적으로 생각하라. 무엇을 바꿔야 하는지 판단하고, 성장을 위해 나아가라. 바꿀 수 없는 것들은 인정하고 받아들이라. 이 시간이 당신에게 자아를 발견하고 성장해 가는 보람된 시간이 될 수 있다.

새로운 것, 좋은 것

물론 지금 당장 많은 변화를 일으킬 만한 에너지가 없을지도 모른다. 돌봐야 할 아이들, 일, 일상적인 삶의 요구, 게다가 위기에 처한 결혼생활에서 오는 지속적인 갈등과 불안까지……. 그러나 가능하면 당신을 위해 무언가를 할 시간을 가지라고 권하고 싶다. 소설이나 전기를 읽으라. 하나님의 창조 세계 안에서 시간을 보내라. 운동을 더 많이 하라. 친구와 함께 콘서트를 보러 가라. 고급 요리 강좌를 들으라.

어떤 일도 하고 싶지 않으리라는 걸 안다. 어쩌면 당신은 외로움과 상처 속에서 모든 일에 흥미를 잃었을지도 모른다. 그러나 집 안에 앉아 당신의 문제들을 생각하고 있으면 우울함만 더 깊어질 뿐이다. 일단 한 걸음 나아가 예전 관심사들을 더 찾다 보면, 암흑 사이로 햇빛이 비칠 것이다.

우선은 도달할 수 있는 작은 목표에 집중하라. 당신의 남은 생을 거대한 미지의 세계로 바라보지 말라. 오늘을 위한 계획을 세우라. 오늘 어떤 건설적인 일을 할 수 있을까? 의미 있는 활동으로 당신의 하루를 채워갈 때 미래에 대한 소망도 자라갈 것이다.

기독교적인 자료를 찾고 있다면 소셜미디어가 도움이 될 것이다. 자기 이해를 도와주고 결혼생활을 위한 성경적 지침을 제공해 주는 웹사이트가 많이 있다. 그러나 소셜미디어에 당신의 결혼생활의 어려움을 나누는 것은 자칫 자격 없는 "상담가들"의 지혜롭지 못한 조언을 이끌어낼 수 있다.

당신이 자신을 이해하고 개발하며 받아들일 때, 배우자와 화해할 수 있는 가능성은 더 높아진다.

성 · 장 · 과 · 제

1. 목사나 상담가에게 부탁해서 테일러 존슨 성격분석검사(T-JTA, Taylor-Johnson Temperament Analysis)나 마이어스 브릭스 성격유형 검사(MBTI, Myers-Briggs Personality Inventory)를 받도록 하라. 당신의 성격 유형을 파악하는 데 도움이 될 것이다.

2. 교회나 지역 대학에서 성격 발달에 대한 강의를 수강하는 것도 도움이 될 것이다.

3. 먼저 당신의 성격을 더 잘 파악하기 위해 다음 질문에 대한 답을 써보라.

• 자신에 대해 마음에 드는 점은 무엇인가?

• 오늘 나는 어떤 감정을 느꼈는가? 그 감정들을 두 범주로 나눠보라.
  부정적인 감정   긍정적인 감정

• 부정적인 감정들은 나 자신에 대해 뭐라고 말하는가?

• 긍정적인 감정들은 나 자신에 대해 뭐라고 말하는가?

- 오늘 나의 정서적인 욕구는 무엇인가?

- 어떻게 하면 그리스도인으로서 책임감 있게 그 필요들을 충족시킬 수 있을까?

- 내 성격에서 어떤 부분이 변화되기 원하는가?(예: 사고, 감정, 행동방식)

- 오늘 그 변화를 일으키기 위해 어떤 조치를 취할 것인가?

- 나 자신에 대해 마음에 들진 않지만 바꿀 수 없는 부분은 무엇인가?

- 그 특성을 받아들이고 내 자산에 집중할 것인가?
  그렇다   아니다

4장 하나님과의 관계 변화시키기

우리와 하나님의 관계는 우리의 결혼생활을 만들어갈 수도 있고 무너뜨릴 수도 있다. 아우구스티누스는 이렇게 말했다. "인간은 하나님에 의해 만들어졌고, 하나님을 발견하기 전에는 안식을 찾을 수 없다." 배우자가 우리에게 자존감을 주고 행복을 가져다주길 기대한다면, 우리는 잘못된 방향을 바라보고 있는 것이다. 많은 사람이 오직 하나님만 주실 수 있는 것을 배우자에게 기대해 왔다. 마음의 평안, 내적인 안정감, 삶의 결과에 대한 확신, 인생의 즐거움은 결혼생활에서 오는 것이 아니라 하나님과의 친밀한 관계에서 오는 것이다.

결혼생활의 위기, 또는 별거 기간 동안 당신과 하나님의 관계는 어떠했는가? 이 시기에 많은 사람이 하나님께 화가 나 있다는 걸 알게 된다. 하나님이 어긋난 부부관계에서 고통, 외로움, 좌절감을 겪게 하셨다고 화가 난 것이다. 반면에 어떤 사람들은 하나님의 도우심을 구하기 위해 새롭게, 더 깊이 하나님을 의지해 왔다.

시편 77편 1-15절을 읽어보자. 그것은 중요한 위기를 겪고 있던 사람의 개인적인 고백이다. 가장 먼저 하나님과 다른 사람들에게서 멀어지는 아픔을 묘사한 것을 볼 수 있다. 그러나 그 고통 가운데서 시편 기자는 하나님을 의지하며, 그의 삶 속에서 하나님의 축복과 다른 사람들과 좋은 관계를 누린 즐거운 날들을 기억한다.

내가 내 음성으로 하나님께 부르짖으리니
내 음성으로 하나님께 부르짖으면 내게 귀를 기울이시리로다
나의 환난 날에 내가 주를 찾았으며
밤에는 내 손을 들고 거두지 아니하였나니
내 영혼이 위로 받기를 거절하였도다
내가 하나님을 기억하고 불안하여 근심하니
내 심령이 상하도다
주께서 내가 눈을 붙이지 못하게 하시니

내가 괴로워 말할 수 없나이다

내가 옛날 곧 지나간 세월을 생각하였사오며

밤에 부른 노래를 내가 기억하여

내 심령으로, 내가 내 마음으로 간구하기를

주께서 영원히 버리실까,

다시는 은혜를 베풀지 아니하실까,

그의 인자하심은 영원히 끝났는가,

그의 약속하심도 영구히 폐하였는가,

하나님이 그가 베푸실 은혜를 잊으셨는가,

노하심으로 그가 베푸실 긍휼을 그치셨는가 하였나이다

또 내가 말하기를 이는 나의 잘못이라

지존자의 오른손의 해

곧 여호와의 일들을 기억하며

주께서 옛적에 행하신 기이한 일을 기억하리이다

또 주의 모든 일을 작은 소리로 읊조리며

주의 행사를 낮은 소리로 되뇌이리이다

하나님이여 주의 도는 극히 거룩하시오니

하나님과 같이 위대하신 신이 누구오니이까

주는 기이한 일을 행하신 하나님이시라

민족들 중에 주의 능력을 알리시고

주의 팔로 주의 백성

곧 야곱과 요셉의 자손을 속량하셨나이다.

이 구절은 다윗 왕의 현 상태를 매우 상세하게 묘사하며 끝을 맺는다. "주의 팔로 주의 백성을 속량하셨나이다." 여기서 "속량"(redeem)이란 "다시 사다" 또는 "회복시키다"라는 뜻이다. 하나님은 자신의 백성을 위해 늘 속량을 갈망하신다. 그러나 그 과정은 고통스러울 수 있다. 다윗은 "주의 길이 바다에 있었고 주의 곧은 길이 큰 물에 있었으나 주의 발자취를 알 수 없었나이다"(19절)라고 말했다.

배우자와 별거 중이거나 결혼생활을 회복하기 위해 애쓰는 중이라면, 당신이 참으로 거센 풍랑을 헤치고 나아가고 있으며 하나님의 발자취를 볼 수 없다고 느낄 것이다. 그러나 분명히 말하지만, 하나님은 당신과 당신의 현 상태에 지대한 관심을 갖고 계신다. "수고하고 무거운 짐 진 자들아 다 내게로 오라 내가 너희를 쉬게 하리라"(마 11:28)는 예수님의 말씀은 분명 그 말씀을 직접 들은 사람들뿐 아니라 당신을 향한 말씀이기도 하다.

당신은 많은 스트레스로 지쳐 있다. 어쩌면 죄책감, 분노, 적대감, 불안감 등 무거운 짐을 지고 있을 것이다. 보다시피 예수님은 당신에게 짐을 내려놓고 오라고 하지 않으셨다. 그분은 그냥 오라고 하신다. 그분이 당신에게 쉼을 주겠다고 약속하셨다. 당신의 문제들을 직접 해결하라고 하지 않으셨고, 주님이 그 문제들을 없애주겠다고 약속하지도 않으셨다. 다만 그분은 쉼을 주겠노라고 약속하셨다.

하나님은 당신의 아버지까지는 아니더라도 당신의 친구이기는 하다. 성경은 하나님이 자신의 아들 예수 그리스도를 통해 그분께 나아오는 모든 사람의 아버지라고 가르친다. 즉 그분은 모든 사람의 아버지가 아니라, 예수 그리스도를 주로 고백하는 자들에게만 아버지가 되신다. 그러나 그분은 모든 사람의 친구이시다. 우리와 함께 삶을 나누고, 우리가 삶에서 의미와 목적을 발견하도록 도와주며, 우리가 직면하는 문제들에 답을 알려주는 것이 하나님의 바람이다. 때로는 너무 고통스러워서 하나님이 우리를 위해 어떤 일을 하실 수 있다고 믿기 어려울 때가 있다. 이런 힘든 나날 동안 개인의 영적 성장에 도움이 될 만한 것들을 제안하려 한다.

우리의 고백과 하나님의 용서

당신의 결혼생활을 분석하면 당신 때문에 실패한 부분들을 알아차릴 수 있다. 어쩌면 배우자의 실수를 더 명백히 알게 되어

오랜 시간 그를 비난해 왔는지도 모른다. 마태복음 7장에 나오는 예수님 말씀을 결혼생활에 적용한다면, 이렇게 읽을 수 있을 것이다. "어찌하여 배우자의 눈 속에 있는 티는 보고 네 눈 속에 있는 들보는 깨닫지 못하느냐 …… 먼저 네 눈 속에서 들보를 빼어라 그 후에야 밝히 보고 배우자의 눈 속에서 티를 빼리라"(마 7:3-5 참조).

우리의 자연적인 본능은 상대방에게 책임을 돌리려 한다. 그리고 배우자가 달라지면 결혼생활이 회복될 거라고 생각한다. 그러나 예수님은 우리 자신의 죄부터 보기 시작해야 한다고 말씀하셨다. 죄가 크든 작든 상관없이, 우리가 자백할 수 있는 것은 그 죄뿐이다. 우리가 자신의 잘못을 자백하면, 배우자의 잘못을 고치도록 더 잘 도와줄 수 있을 것이다. 배우자를 실망시키는 것은 하나님을 실망시켜드리는 것이다. 예수님이 우리에게 서로 사랑하라고 하셨기 때문이다(요 13:34). 서로에 대한 사랑을 표현하는 것만이 하나님을 향한 우리의 진실한 사랑을 나타내는 유일한 길이다. 우리가 서로 사랑하지 못하면 하나님을 사랑하시 못하는 것이다. 따라서 우리는 결혼생활의 실패를 하나님께 고백해야 한다.

정신 건강에 관한 가장 강력한 성경 구절은 아마 사도행전 24장 16절일 것이다. 바울은 자신에 대해 이렇게 말한다. "나도 하나님과 사람에 대하여 항상 양심에 거리낌이 없기를 힘쓰나이다." 이것은 바울의 개인적인 경험에서 나온 말이다. 그는 실패를 다루기 위해 훈련이 필요하다는 것을 배웠다. 우리가 감정적, 영적으로 자유하려면 그 훈련이 반드시 필요하다. 그래서 바울은 "하나님과 사람들을 향해 내 양심을 비운다"고 말한 것이다.

양심을 비우는 과정이 바로 자백이다. "자백"(confession)이라는 단어의 문자적 의미는 "동의하다"이다. 따라서 우리는 실패에 대해 하나님께 동의한다. 우리 자신과 행위를 더 이상 변명하지 않고, 다만 하나님 앞에서 우리가 죄를 지었음을 인정하는 것이다. 성경은 우리가 우리 죄를 자백하면 하나님이 "미쁘시고 의로우사 우리 죄를 사하시며 우리를 모든 불의에서 깨끗하게"(요일 1:9) 하신다고 가르친다. 우리가 실패를 기꺼이 인정하는 순간, 하나님이 기꺼이 우리 죄를 용서해 주신다. 그러나 우리가 죄에 대해 변명을 늘어놓으면 하나님이 우리 기도를 듣지 않으실 것이다(시 66:18).

그러므로 하나님과의 관계를 발전시키는 첫 걸음은 우리가 아는 모든 죄를 자백하는 것이다. 연필과 종이를 가져와 "하나님, 제 결혼생활에서 제가 잘못한 부분이 어디입니까?"라고 묻기를 바란다. 하나님이 진리를 떠올려 주시면 그것을 기록하고 당신이 잘못한 일들을 목록으로 만들어보라. 그리고 나서 목록을 거듭 살피며, 각 죄들을 자백하라. 그리스도가 당신의 죗값을 치르신 것에 감사하고, 그 죄에 대한 하나님의 용서를 받아들이라. 용서를 체험하면 우리를 짓누르던 죄책감에서 해방된다.

죄를 자백하고 용서를 받는다고 해서 곧바로 우리 죄에 대한 모든 자책감이 사라지는 것은 아니다. 용서는 하나님이 더 이상 우리 죄를 비난하지 않으시겠다는 약속이다. 우리가 한 일 또는 하지 못한 일을 생각할 때면 여전히 마음이 아플 것이다. 그러나 우리의 감정은 하나님의 용서와 아무런 상관이 없다. 그런 감정들 때문에 좌절해서는 안 된다. 죄를 고백한 후에 죄책감이 다시 고개를 들 때마다 그저 이렇게 말하라. "아버지, 그 죄들을 용서해 주시고 더 이상 그것에 대해 저를 비난하지 않으시는 것을 감사드립니다. 제가 자신을 용서할 수 있도록 도와주세요." 자신을 용서하는 것 또한 약속이다. 더 이상 지난 잘못들에 대해 자신을 벌하지 않겠다고 약속하는 것이다. 그런 처벌은 긍정적인 결과를 가져오지 않으며, 밝은 미래를 만들어가는 데 방해만 될 뿐이다.

하나님께 죄를 고백할 때, 우리가 비록 멀리 여행을 갔다가 돌아왔을지라도 우리 아버지께서는 두 팔 벌려 우리를 환영해 주시고, 우리 죄를 용서해 주시며, 살진 송아지를 잡아 우리가 돌아온 것을 축하하는 잔치를 여신다(눅 15:21-24). 그렇게 하나님께 돌아오는 것이 결혼생활의 위기를 겪는 동안 일어나는 가장 중요한 일이 될지도 모른다. 당신은 지금 당신을 만드시고 생산적인 삶으로 인도하는 법을 아시는 분께 돌아가고 있기 때문이다.

"오늘은 제 삶 속에 있는 당신의 날입니다"

당신과 하나님의 관계는 당신이 그분과 소통하는 법을 배울 때에만 성장할 것이다. 소통은 상호 과정이라는 것을 명심하라. 우리가 하나님께 이야기할 뿐 아니라 하나님도 우리에게 말씀하신다. 많은 사람이 하나님께 이야기하는 기도는 잘 알고 있다. 그러나 하나님의 음성을 듣는 사람은 거의 없다. 하나님이 귀에 들리는 목소리로 우리에게 말씀하신다는 뜻이 아니다. 하나님은 시간을 내어 듣고자 하는 자들에게 성경을 통해 매우 개인적으로 말씀해 주신다.

어떤 사람은 성경 읽기와 기도를 단순히 "종교적인" 활동으로 생각하지만, 그것은 한 개인이 하나님과 친밀한 교제로 나아가는 길이다. 우리가 성경을 읽을 때 하나님은 그분 자신과 우리 삶에 대해 말씀해 주실 것이다. 성경은 당신이 읽을 다른 어떤 책보다 의미 있다. 그것은 실로 창조의 하나님이 자신이 만든 피조물에게 하시는 말씀이기 때문이다. 하나님과 나누는 대화에 관한 몇 가지 실제적인 아이디어가 있다. 성경은 우리를 향한 하나님의 말씀이므로 우리는 경청하는 자세로 그것을 읽어야 한다. 하나님의 음성을 듣기 위해 귀를 기울여야 한다. 보통 책을 읽을 때 우리는 각 장에서 다루는 중요한 생각에 주의하며 밑줄을 긋는다. 성경을 읽을 때는 왜 그렇게 하지 않는가? 성경을 읽다 보면 각 장에서 눈에 띄는 구절, 문장, 생각이 있을 것이다. 그것이 하나님께서 당신에게 전달하고자 하시는 것일지도 모른다. 왜 그러한 것들에 주의를 기울이며 밑줄을 긋고, 동그라미를 치거나, 별표를 하지 않는가?

나는 여러 해 동안 날마다 하나님과 함께 앉아 성경을 펴고 이런 말로 대화를 시작했다. "아버지, 오늘은 제 삶 속에 있는 당신의 날입니다. 당신의 음성을 듣기 원합니다. 당신의 가르침이 필요합니다. 오늘 당신이 저에게 무슨 말씀을 하실지 알고 싶습니다. 이 장을 읽을 때 당신이 제게 들려주기 원하시는 말씀이 생각나게 해주시옵소서." 그러고는 한 손에 펜을 들고 눈에 띄는 구절들에 표시해 가면서 조용히 혹은 소리 내어 그 장을 읽는다. 때로는 같은 장을 두 번 읽으며 이렇게 말한다. "하나님, 당신이 말씀하시는 것을 제가 이해했는지 확신이 없습니다. 이 장을 다시 읽겠습니다. 당신의 뜻을 제게 명백히 알려주시길 원합니다." 나는 또 다른 구절에 밑줄을 그을지 모른다.

그 장을 다 읽고 나서 내가 밑줄 친 부분으로 돌아가 그것에 대해 하나님과 이야기를 나눈다. 그것이 하나님이 내게 하시는 말씀이라면, 나는 하나님께 응답하기 원하기 때문이다. 많은 사람이 성경을 읽고 그냥 덮은 뒤, 읽은 내용과 전혀 상관없는 내용으로 기도를 시작한다. 그것만큼 무례한 일도 없을 것이다. 우리는 친구도 그런 식으로 대하지 않는다. 친구가 질문하면 대답을 해준다. 친구가 어떤 말을 하면 그에 대한 반응을 보인다. 하나님이 성경을 통해 우리에게 말씀하신다면 우리도 하나님이 하시는 말씀에 응답해야 한다.

예를 들어, 빌립보서 4장을 읽고 있다고 해보자. 내게 인상 깊은 구절은 4절 말씀이다. "주 안에서 항상 기뻐하라 내가 다시 말하노니 기뻐하라." 나는 그 문장에 밑줄을 긋고, "항상"이라는 단어에 동그라미를 친다. 그리고 다시 하나님을 향해 이렇게 말한다. "하나님, 이게 어떻게 가능합니까? 제가 항상 기뻐하는 것은 전혀 불가능한 일 같은데요. 가끔은 기뻐할 수 있지만, 항상이라니요?" 보다시피 나는 하나님이 내게 말씀하신 것에 대해 질문하고 있다. 나는 그 문장을 다시 읽는다. "주 안에서 항상 기뻐하라 내가 다시 말하노니 기뻐하라." 그리고 "주 안에서"라는 문구를 발견한다. 하나님이 내 질문에 응답해 주신 것이다. 하나님이 내게 말씀하시는 것은 어떤 환경 속에서가 아니라 주 안에서 항상 기뻐하라는 것이다. 어려운 환경 속에서는 내가 기뻐할 수 없기 때문이다. 그러나 그러한 환경 가운데서도 나는 주 안에서 기뻐할 수 있다. 나와 하나님의 관계로 인해 참으로 내 문제 가운데서도 기뻐할 수 있다. 깊은 물을 헤쳐 나가고 있는 사람에게 얼마나 힘이 되는 말씀인가!

하나님은 날마다 그분의 말씀을 통해 우리에게 개인적으로 말씀하기 원하시며, 우리가 응답하기를 간절히 바라신다. 오늘부터 날마다 성경을 한 장씩 읽고, 마음에 와 닿는 부분에 밑줄을 긋고 표시한 다음, 그 부분에 대해 하나님께 이야기하는 것을 시작해 보겠는가? 한 책부터 시작해 볼 것을 권한다(야고보서부터 시작하는 것이 좋다). 그 책을 다 읽은 다음에 다른 책을 보기 시작하라. 당신이 하나님과 함께해 온 흔적들이 성경에 남을 것이며, 하나님이 매일, 매주 당신에게 말씀하신 것들을 쉽게 다시 찾아볼 수 있을 것이다. 당신과 하나님의 관계가 크게 향상되는 것을 발견할 것이다. 솔직한 대화만큼 관계 형성에 도움이 되는 것은 없다.

순종을 선택하라

성경을 읽다 보면 가끔 하나님의 분명한 명령들을 발견할 것이다. 이를테면 "서로 친절하게 하며 불쌍히 여기며 서로 용서하기를 하나님이 그리스도 안에서 너희를 용서하심과 같이 하라"(엡 4:32)와 같은 말씀이다. 그런 명령은 우리의 유익을 위한 것이다. 우리를 만드신 하나님은 무엇이 우리를 행복하게 해주고 삶에서 열매를 맺게 할지 정확히 알고 계신다. 하나님의 모든 명령에는 목적이 있다. 그러므로 우리는 진심으로 하나님의 모든 명령에 순종하기로 결심해야 한다. 그래서 "서로 친절하게 하라"는 말씀을 읽으면, 그날 친절하게 대할 사람을 찾아야 한다. 우리가 불쌍히 여길 수 있는 사람, 우리가 용서해야 할 사람을 찾아야 한다. 우리를 용서해 주신 그리스도가 우리의 본이 되신다. 십자가 위에서 그리스도가 자신을 못 박은 사람들을 바라보시며 "아버지 저들을 사하여 주옵소서 자기들이 하는 것을 알지 못함이니이다"(눅 23:34)라고 말씀하신 것을 기억할 것이다. 우리도 우리에게 잘못하는 사람들을 향해 그와 같은 태도를 가져야 하지 않겠는가? 성경에는 우리가 순종하며 따를 때 우리 삶에 큰 유익이 되는 명령이 수없이 많다.

우리는 오로지 우리 힘으로만 순종해야 하는 것이 아니다. 우리가 그리스도인이라면 우리 안에 성령이 계시기 때문이다. 성령께서는 하나님의 명령에 순종할 힘을 주신다. 따라서 당신에게 죄를 범한 사람들을 용서하기가 힘들다면, 도움을 받을 수 있다. 단순히 당신의 힘으로 용서하려고 애쓰지 말고 용서할 수 있게 해달라고 하나님의 성령께 간구하라. 용서는 기본적으로 하나의 약속이다. 우리가 더 이상 어떤 사람의 잘못을 비난하지 않겠다는 약속이다. 우리가 그 잘못을 의식하지 않는다는 뜻이 아니라, 그것을 잘못으로 대하지 않을 거라는 뜻이다. 가장 엄격한 의미에서 우리가 그 죄들을 잊어버릴 거라는 뜻이 아니다. 그러나 우리는 하나님의 도우심으로, 더 이상 다른 사람의 죄를 가지고 그를 비난하지 않을 수 있다.

날마다 성경을 읽고, 하나님 음성에 귀 기울이며, 그분의 명령에 응답하고, 성령의 능력으로 살기 시작할 때 당신 삶 속에 어떤 일이 일어날지 상상할 수 있겠는가? 날마다 엄청난 변화가 일어날 것이다. 그로 인해 몇 개월 뒤에는 당신 자신도 몰라볼 정도로 달라질 것이다.

하나님께 노래하라

음악은 일반적으로 인간의 감정을 표현하는 것이다. 전 세계 문화들의 노래를 들어보면, 기쁨, 흥분, 즐거움의 주제들을 발견할 것이다. 슬픔, 고통, 상처와 같은 주제들도 발견할 것이다. 그것은 종교 음악이나 세속적인 음악이나 마찬가지다. 노래는 소통 수단이다. 노래는 기분을 좋게 해줄 수도 있고 우울하게 할 수도 있다. 우리가 부르는 노래의 가사에 따라 그것이 우리를 우울하게 만들지 승리로 이끌지 결정된다. 시편 전체에 걸쳐 우리는 하나님을 찬양하라는 도전을 받는다. 그러나 고통 가운데 있다면 우리는 이렇게 물을지 모른다. "대체 무슨 이유로 하나님을 찬양하라는 거죠?" 그러나 진리의 말씀을 잘 살펴보면 하나님을 찬양할 많은 이유를 발견할 것이다.

이 장 첫 부분에 언급한 시편에서 다윗은 과거에 누린 혜택과 복에 대해 하나님을 찬양했다. 하나님이 과거에 행하신 일들을 찬양하기 시작하면, 그분이 미래에도 우리에게 신실하실 것을 믿고 감사하게 된다. 바울은 에베소인들에게 성령으로 충만함을 받아야 하며 "시와 찬송과 신령한 노래들"로 화답하며 마음으로 주께 노래하라고 했다(엡 5:19).

우리의 기쁨과 승리의 노래들은 하나님과의 관계에서 나와야 한다. 성령의 지배를 받을 때 우리는 문제들을 노래할지라도 중심으로는 하나님을 찬양할 것이다. 하나님이 누구신지, 그분이 우리 삶 속에서 어떤 일을 행하시는지 찬양할 것이다.

지금 우리가 처한 상황들은 하나님과 우리의 관계를 방해하지 않는다. 대신 그 상황들은 우리를 하나님께 더 가까이 가게 할 것이다. 당신은 노래하고 싶지 않을지도 모른다. 평생 노래해 본

적이 없을 수도 있다. 그러나 당신은 그리스도인으로서 혼자 있을 때만이라도 노래할 수 있다. 사실 바울은 우리가 혼자서 노래를 불러야 한다고 말한다. 샤워할 때도 좋고 침대에서라도 좋다. 그것이 당신 삶에서 습관이 되지 않았다면, 시편 중에 한 편을 택하여(시편이 유대인들의 찬송집으로 만들어졌다는 것을 기억하라) 당신만의 곡조를 만들고 하나님께 시편 찬송을 드릴 것을 권한다. 멜로디, 음의 높이, 리듬은 중요하지 않다. 중요한 것은 먼저 고난을 겪은 사람들의 글을 통해 당신이 하나님을 찬양하고 있다는 것이다. 시편 77편부터 시작해 보는 것도 좋을 것이다(73-75쪽 참조).

교회에 가는 이유

당신은 지금 지역 교회의 교제에 참여하고 있을 수도 있고 안 할 수도 있다. 별거 중이거나 결혼생활에 어려움을 겪고 있을 때는 교제를 나눌 수 있는 다른 그리스도인들을 찾는 것이 특히 중요하다.

사실 교회는 마땅히 비판받을 수 있다. 사람들이 이렇게 말하는 것을 얼마나 자주 듣는가? "나는 교회에 위선자들이 가득해서 교회 가기가 싫어." 그 말은 아마 사실일 것이다. 대부분의 교회에는 위선자와 죄인이 정기적으로 출석한다. 그러나 위선자와 죄인을 제하고 나면, 누가 출석하겠는가? 우리는 모두 죄를 지었고, 우리는 모두 이따금씩 위선적이지 않은가? 교회에 다닌다는 것은 우리가 완벽하다는 뜻이 아니다. 우리가 성장을 위해 노력하고 있다는 뜻이다.

대부분의 교회에서는 당신을 환영해 주고 기꺼이 도와주려는 친절한 사람들을 발견할 것이다. 우리는 혼자 살도록 만들어지지 않았다. 처음에 "사람이 혼자 사는 것이 좋지 아니하니"(창 2:18)라고 말씀하신 이는 하나님이셨다. 시편 기자 또한 "하나님이 고독한 자들은 가족과 함께 살게 하시며"(시 68:6)라고 말했다. 바로 지금 당신에게는 하나님의 더 큰 가족 간의 교제가 절실히 필요하다.

많은 사람이 교회를 생각할 때 오직 주일 아침 예배에 참석하는 것만 생각한다. 그것도 좋지만, 그것은 교회의 한 부분일 뿐이다. 교회는 "부름받아 나온 이들"이다. 그들은 예수 그리스도를 주로 영접하였고, 함께 나와 배우고 서로 격려한다. 함께 성경을 공부하고 기도하는 소그룹은 교회의 교제에 반드시 필요하다. 단지 주일 설교만 들으려 하지 말라. 소그룹 성경공부 모임에 참석하라. 그 모임에서 여러 가지 떠오르는 의문들에 대한 답을 찾을 수 있을 것이다. 많은 교회가 별거 중인 부부들을 돕기 위한 강좌를 개설한다. 대부분의 목사들 또한 기꺼이 개인적인 상담을 해주려 한다.

지금까지 정기적으로 교회에 출석하지 않았다면 이번 주부터 시작해 보라. 당신이 공감할 수 있고, 함께 나눌 수 있고, 당신에게 필요한 격려와 지원을 해줄 그리스도인들의 모임을 찾으라.

오로지 받으려는 생각만 가지고 교회에 오지 말고, 다른 사람들에게 당신이 줄 수 있는 것을 나누어주려는 생각을 가져야 한다. 당신은 이렇게 물을지 모른다. "제가 다른 사람에게 무엇을 줄 수 있을까요? 제 문제도 해결하지 못하고 있는데 말이죠." 어쩌면 당신은 아마도 교회에서 당신과 비슷한 문제들을 가진 사람들을 만날 것이며, 당신이 하나님과의 관계 속에서 발견하는 것을 그들과 함께 나눌 수 있을 것이다. 교회에 다니는 것은 결코 일방통행이 아니다. 히브리서 10장은 우리가 서로 권면하고, 위로하고, 격려해야 한다고 말한다. 진정한 교회라면 그런 일들이 일어날 것이다.

여기에 중요하게 덧붙일 말이 있다. 당신이 다니는 교회의 목사나 지도자들이 당신의 결혼생활의 문제들에 관심을 보이지 않는다면, 다른 교회를 찾아보아야 할 것이다. 힘든 결혼생활을 돕는 사역은 교회마다 매우 다르기 때문이다.

하나님께 고통, 기쁨, 삶을 나누는 것

앞에서 수고하고 무거운 짐 진 자들은 모두 나아오라고 초청하시는 예수님의 말씀을 언급하였다(마 11:28). 예수님은 계속해서 이렇게 말씀하셨다. "나는 마음이 온유하고 겸손하니 나의 멍에를 메고 내게 배우라 그리하면 너희 마음이 쉼을 얻으리니 이는 내 멍에는 쉽고 내 짐은 가벼움이라"(11:29-30). 예수님은 쉼을 얻기 위해 우리의 짐을 내려놓으라고 하지 않으신다. 우리에게 그분의 멍에를 메라고 하신다. 그 멍에는 일하는 것을 말한다. 우리는 무기력하게 있거나 가만히 쉬는 것이 아니라 스스로 그리스도의 멍에를 메야 한다. 세상에서 다른 그리스도인들과 더불어 살아가며 하나님을 위해 선을 이루어야 한다.

예수님은 "내 멍에는 쉽고 내 짐은 가벼움이라"고 말씀하신다. 무엇에 비해 그렇다는 말인가? 우리가 자기 뜻대로 행하려 할 때 짊어지는 멍에와 짐에 비해 그렇다는 것이다. 하나님이나 그분의 말씀은 안중에도 없이 우리 마음대로 행할 때 우리의 멍에가 무겁고, 날이 갈수록 우리의 짐이 점점 무거워지는 것을 발견한다. 그러나 그리스도와 함께 행할 때 그분의 멍에가 쉽고, 우리가 전에 짊어진 것에 비해 그분의 짐이 가볍다는 것을 알게 된다. 그분의 짐은 항상 목적이 있다. 물론 해야 할 일이 있지만,

그 일에는 목적이 있는 것이다.

결혼생활에 위기를 겪고 있는 사람들 중에 교회 사무실의 일을 돕거나, 청소를 하거나, 아프거나 곤경에 처한 사람들을 찾아가 헌신적인 봉사를 하며 지내온 사람들을 많이 알고 있다. 자신이 고통을 겪고 있다고 해서 다른 사람들을 도울 수 없는 것은 아니다. 오히려 다른 사람들과 나눌 마음의 준비가 되어 있을 것이다. 홀로 떨어져서 자신의 문제에만 집중하면 행복의 길을 발견할 수 없다. 행복의 길은 하나님과 함께 삶을 나누고 그분을 섬기는 법을 배우는 데서 발견할 수 있다.

성·장·과·제

아직 하지 않았다면, 하나님께 당신이 결혼생활에서 실패한 부분들을 생각나게 해달라고 간구하라.

1. 당신이 잘못한 일들을 적고 하나씩 하나님께 고백하라. 그리스도가 그 죄들에 대한 값을 치르신 것에 감사하고, 그분의 용서를 받아들이라.

2. 날마다 성경을 한 장씩 읽으며 중요한 부분에 표시하고, 그것에 대해 하나님과 대화하는 연습을 시작하라. 신약성경 야고보서부터 시작하면 좋을 것이다.

3. 하나님께 시편 말씀으로 찬송을 드리라. 당신만의 곡조와 리듬을 만들라. 시편 1편부터 시작해 보라.

4. 지역 교회에서 활동하고 있지 않다면 다음 주에 어느 교회에 갈지 오늘 결정하라. 반드시 예배뿐 아니라 성경공부 모임에도 참석하라.

5. 함께 삶을 나눌 수 있는 따뜻하고 사랑 많은 그리스도인들의 모임을 찾기를 포기하지 말라.

5장 배우자와의 관계 변화시키기

당신이 별거 중이라면, 당신의 배우자는 하루 일과를 마친 후 집으로 돌아오지 않는다. 당신이 집에 들어갈 때 반겨주는 사람도 없다. 사랑하는 마음이 있다 해도, 멀리서 어쩌다 한 번씩 표현해야만 한다. 별거 중인 부부들 가운데 서로 거의 안 보고 지내는 사람들도 있지만, 자주 연락하며 지내는 이들도 있다. 따라서 어떤 이들은 배우자에게 사랑을 표현할 기회가 더 많을 것이다. 당신의 상황을 탓하지 말라. 당신의 처지를 있는 그대로 인정하고 최대한 활용해야 한다. 고린도전서 13장에 나오는 서술적인 단어들을 사용하여, 별거하는 동안 사랑을 표현하는 실제적인 방법들을 제안하려 한다. 또한 별거는 하지 않았지만 결혼생활의 위기를 겪고 있다면, 정중하고 건설적인 대화를 나누기 위해 노력하는 데 바울의 말이 많은 도움이 될 것이다.

오래 참음

사랑은 "오래 참는다"(4절). 서두르지 말라. 당신의 결혼생활은 하루아침에 허물어지지 않았다. 당연히 하루 만에 재건되지도 않을 것이다. 당신 자신이나 배우자에게 시간을 제한해 두지 말라. 우리는 자유로울 때 가장 잘 움직일 수 있다. 당신이 별거 중이라면, 상대방이 자신의 의지로 돌아오길 원할 것이다. 그에게 시간을 주라. 당신의 갈망을 표현하되, 한 걸음 물러나 그가 결정하게 하라.

배우자가 주저하는 것도 오래 참아주라. 결혼생활의 위기나 별거 기간에 개인들은 감정적으로 두 가지 방향으로 이끌린다. 하나는 미약하긴 하지만 예전의 꿈들을 이루고자 하는 열망이 그들로 하여금 화해를 향해 나아가게 하는 것이다. 다른 한편으로는 힘든 결혼생활의 아픔과 상처가 감정적으로 상대방을 밀어낸다. 앞서 보았듯이 다른 사람에게 매력을 느껴 그쪽으로 감정이 끌릴 가능성도 있다. 진심으로 오늘 어떤 말을 했지만 내일이면 또 다른 말을 할지도 모른다. 일부러 거짓말을 하려는 것이 아니다. 다만 그때그때 자신의 기분을 말할 뿐이다. 그 사람이 감정이 아니라 무엇이 옳은가를 기준으로 결정을 내릴 수 있기를 바라야 한다. 그러나 그동안 당신은 그의 모순되는 말들을 참고 들어주어야 한다. 당신이 이해한다는 것을 다음과 같은 말로 표현해 주면 훨씬 도움이 된다. "당신이 두 방향으로 이끌리는 걸 이해해요. 나도 가끔 그렇게 느끼니까요."

온유함

사랑은 "온유하다"(4절). 여기서 "온유하다"로 번역된 단어는 "유익하거나 이롭다"라는 뜻이다. 따라서 온유함은 다른 사람에게 유익하거나 이로운 말 또는 행동을 의미할 것이다. 당신의 말이나 행동 가운데 어떤 것이 배우자에게 유익하거나 이로울까? 당신이 남편으로서 아내를 떠났다 해도, 아내가 원한다면 집 안 여기저기에 아내를 위해 할 수 있는 일이 많다. 당신의 남편이 당신을 떠났다 해도, 남편의 삶을 더 즐겁게 해주기 위해 "유익하거나 이로운" 일들을 할 수 있을 것이다. 단순히 배우자가 당신을 떠났거나 당신에게서 멀어졌다는 이유로 망설이지 말라. 배우자가 허락한다면, 당신은 그를 향한 하나님의 사랑을 행동으로 보여줄 수 있다. 배우자를 도와주지 않는다고 해서 무슨 득이 있겠는가? 당신이 도와주지 않으면 다른 사람이 도와줄 것이다. 그러면 당신은 온유함으로 사랑을 나타낼 기회를 놓치고 말 것이다.

"사랑은 덕을 세운다"(고전 8:1). 당신이 어떻게 배우자를 "세워줄" 수 있을까? 배우자를 바르게 이끄는 한 가지 방법은 당신의 말로 온유함을 나타내는 것이다. 유익하거나 이로운 말을 하라. 즉 비방하는 말보다 세워주는 말을 하라. 별거 중이거나 결혼생활의 위기에 처했을 때 우리가 보통 나누는 대화는 많은 부분이 파괴적이다. 배우자의 잘못을 강조하는 날카로운 말로 우리의 적대감을 표현한다. 화해는 온유한 말들로 포장된다. 부부는 둘 다 자아상과 씨름하고 있다. 둘 다 지금까지 일어난 일들에 상심해 있다. 그리고 자신의 잘못 때문에 죄책감을 느낀다. 그렇다면 당신이 보는 배우자의 좋은 점들을 칭찬해 주어 그 사람을 세워주는 것이 어떻겠는가?

우리는 또한 말하지 않고 들어주는 것으로 서로 세워줄 수 있다. 연설하는 남자들이여, 게리 스몰리는 "언쟁하거나 방어하는 대신 아내의 고통을 들어주라"고 충고한다. 그는 "명철한 자는 잠잠하느니라"[1]는 잠언 11장 12절 말씀을 인용한다.

얼마 전에 한 여성의 이야기를 읽었다. 그녀는 결혼생활 상담가를 찾아가 남편과 이혼하고 싶은 마음을 털어놓았다. "저는 되도록 가장 심한 상처를 남편에게 주고 싶어요. 어떻게 하면 좋을까요?"

그 상담가는 대답했다. "먼저 남편을 아낌없이 칭찬해 주세요. 당신이 그를 헌신적으로 사랑한다고 믿게 한 다음, 이혼 소송을 시작하세요. 그것이 남편에게 가장 큰 상처를 주는 방법이에요."

그 여성은 두 달 뒤에 돌아와 그의 조언대로 했다고 보고했다. "좋습니다. 이제 이혼 신청을 할 차례입니다"라고 상담가가 말했다.

"이혼이라니요!" 그 여자가 소리쳤다. "절대 안 돼요! 전 그 남자와 사랑에 빠졌는걸요!"

무슨 일이 일어난 걸까? 그 여성은 칭찬을 하면서 남편에 대한 사랑을 표현하기 시작했다. 그러자 남편은 사랑받는다고 느꼈고 그도 아내에게 사랑을 표현하기 시작한 것이다.

그렇다. 따뜻한 감정들은 다시 살아날 수 있다. 그런데 따뜻한 감정이 생겨나려면 반드시 온유한 말과 행동이 먼저 와야 한다. 많은 부부들이 실험적 별거가 그들의 감정을 바로잡는 데 도움이 될 거라고 생각한다. 그들은 별거를 하고 서로 연락을 끊으려 한다. 서로 떨어져 지내는 시간 동안 따뜻한 감정이 돌아올지 알아보기 위해서다. 그런 과정은 아무 소용이 없다. 태도와 행동이 앞서야 긍정적인 감정이 뒤따르는 법이다. 서로 떨어져 있는 것만으로는 감정을 돌이키지 못한다.

그토록 많은 고통을 준 배우자에게 친절하게 대한다는 것은 불가능해 보일 것이다. 당신의 아픔을 이겨내려면 아마 시간이 걸릴 것이다. 목회자나 상담가의 도움이 필요할 수도 있다. 당신은 아마 이렇게 물을 것이다. "저를 정말 잔인하게 대한 사람을 제가 친절하게 대할 수 있을까요?"

대답은 "예"이다. 예수님이 우리의 본이시다. 그분은 우리에게 매력 없는 사람을 사랑할 수 있는 힘을 주실 수 있다. 과분한 사랑은 가장 고귀한 사랑이며, 당신에게 잘못한 사람에게 당신이 할 수 있는 가장 강력한 일이다.

질투 게임

사랑은 "시기하지 않는다"(고전 13:4). 별거하는 동안 각 배우자는 대부분 상대방이 더 유리한 조건에 있다고 생각한다. 아이들을 데리고 있는 아내는 남편이 자기 하고 싶은 일을 마음대로 하고 있다고 불평할 것이다. 자신은 아이들을 데리고 집에만 있어야 하는데 말이다. 남편은 아내가 요구하는 돈을 다 주면 자신은 삶을 즐기기는커녕 먹고 살기도 힘들다고 불평한다.

질투 게임을 하다가 아내는 남편이 바람을 피운다는 이유로 자신도 바람을 피운다. 남편은 아이들에 대한 책임을 저버리고 행복을 찾기 위해 여행을 떠난다. 사실상 별거는 두 사람 모두에게 힘든 일이다. 둘 중 누구도 이상적인 상황에 있지 않다. 두 사람이 받는 압박은 더 커진다. 돈 문제, 실행 계획, 외로움, 삶의 의미, 해답을 구하는 모든 외침……. 당신은 비정상적인 상태로 살고 있다. 남편과 아내는 따로 살도록 만들어지지 않았다. 그들은 한 가족 안에서 살도록 만들어졌다. 감정적, 육체적, 영적, 사회적으로 서로 화해하고 부부의 하나 됨을 이루려고 노력할 때 가장 큰 유익이 따를 것이다. 배우자의 상황을 시기하지 말고, 지금은 서로 헤어져 힘들어하고 있는 두 반쪽이 하나 되기를 기도하고 노력하라.

서로 별거 중이거나 힘들게 결혼생활을 하고 있는 사람들이 배우자를 "안쓰럽게" 여긴다고 말하는 것을 들었다. 그러면 이러한 연민은 어떤 역할을 하는가? 공감은?

겸손

사랑은 "자랑하지 않는다"(고전 13:4). 지난날을 돌아보며, 당신의 약점은 모두 무시하고 결혼생활에서 당신이 잘한 일들만 이야기하기는 매우 쉽다. "나는 당신한테 충실했어. 당신이 문제들을 이야기할 때 잘 들어주었고, 집안일들을 돌보았고, 정말 열심히 일했고, 당신을 위해 곁에 있어줬어……. 그런데 결국 난 어떻게 된 거지? 난 내가 할 수 있는 일을 다 했어. 그런데 난 뭐냐고? 나는, 나는, 나는!" 사실일지라도 그런 말은 전혀 사랑스럽지 않다.

당신의 과거는 자명하니 더 이상 설명하지 않아도 된다. 굳이 자기 자랑을 늘어놓을 필요가 없다는 말이다. 당신의 친구들이 당신을 안다. 자녀들이 당신을 안다. 당신이 자신에 대한 사실을 안다. 하나님이 당신을 온전히 아신다. 그리고 당신의 배우자가 당신을 안다. 비록 지금은 일부러 부정적인 면들을 강조하려 할지라도 말이다. 사랑은 자신의 선을 떠벌리지 않는다. 겸손한 자세로 하나님을 의지하라.

정중함

사랑은 "무례히 행하지 않는다"(고전 13:5). 무례함의 반대는 정중함이다. 단지 서로 떨어져 지낸다는 이유로 서로 무례하게 대할 필요는 없다. "정중함"(courtesy)이라는 단어는 "공손한 태도"를 의미한다. 연애할 때처럼 배우자를 존중하고 공손하게 대하

라. 그의 마음이 멀어졌고, 그래서 당신은 그의 사랑을 얻으려고 애쓰고 있다. 결혼 전에 당신이 그를 어떻게 대했는지 기억나는가? 그때 공손하게 대했다면, 다시 그때의 행동과 말들로 돌아가 보라.

함께 있을 때 다투거나 소리 지를 이유는 없다. "유순한 대답은 분노를 쉬게 하여도 과격한 말은 노를 격동하느니라"(잠 15:1). 물론 어떤 문제를 의논할 필요는 있지만 그 과정 중에 서로 공격할 필요는 없다. 때로는 화가 날 때도 있지만 우리는 "분을 내어도 죄를 짓지 말라"(엡 4:26)고 배웠다. 갈등 가운데서도 건설적으로 대화하는 법에 관한 실제적 조언을 원한다면, 내 책 『행복한 결혼생활을 위한 9가지 포인트』(생명의말씀사)에서 대화에 관한 부분을 보라.

당신의 배우자가 받아들인다면, 때때로 당신의 문제에서 한 걸음 물러나 함께 좋아하는 일들을 하며 시간을 보내는 것이 어떻겠는가? 항상 서로의 차이를 끝까지 논의하여 해답을 찾아야 한다고 생각하지 말라. 그냥 함께 있는 동안 서로를 정중하게 대하라. 상대방이 고마워하는 작은 일들을 하라. 친절하게 말하라. 상대방의 이익을 먼저 생각하라. 서로의 가치를 다시 발견하라. 다양한 환경에서 서로 다른 방향으로 이끌려 멀어진 부부일지라도 함께 집중적인 시간을 보낸다면 다시 하나가 되기 시작하는 것을 발견할 것이다. 상담가 미셸 와이너데이비스는 먼저 부부의 강점에 초점을 두고 거기서부터 세워가는 것이 중요하다고 말한다.[2] 긍정적인 것에서 시작하라!

이기적이지 않음

사랑은 "자기의 유익을 구하지 않는다"(고전 13:5). 대부분의 사람들은 결혼할 때 그 결혼에서 무엇을 얻을지를 생각한다. 자신의 행복을 꿈꾸고 배우자가 우리를 위해서 무엇을 해줄지를 생각한다. 물론 우리는 배우자도 행복해지기를 원한다. 그렇지만 주된 생각은 결혼이 우리에게 어떤 의미가 있을지에 집중되어야 한다.

결혼식이 끝난 뒤, 우리는 배우자가 늘 우리의 행복을 생각하는 것은 아니라는 사실을 알게 된다. 그들이 늘 우리의 필요를 채워주지는 않는다. 점점 배우자 자신의 행복을 위해 우리의 시간과 에너지, 자원을 요구한다. 우리는 속았고 이용당하고 있다고 느낀다. 그래서 우리의 권리를 위해 싸운다. 배우자에게 우리를 위해 어떤 일을 해달라고 요구하거나, 포기하고 다른 데서 행복을 찾는다.

행복은 독특한 상품이다. 그것을 사러 다니는 사람은 절대로 찾지 못한다. 개인의 행복을 위해 전 세계 진열대를 다 찾아다녀도, 많은 돈을 준다 해도 행복을 발견하지는 못할 것이다. 어느 시대에나 외로운 사람들은 행복을 찾았으나 소용없었다며 투덜거리고 불평해 왔다. 진정한 행복은 다른 사람을 행복하게 해줄 때 얻는 부산물이다.

당신이 배우자의 행복을 위해 할 수 있는 일은 무엇인가? 틀림없이 이것은 어려운 질문이다. "저는 그 사람이 행복한지는 관심 없어요"라고 솔직하게 말할지도 모른다. "저요? 저도 가끔은 행복해지고 싶어요!"

당신의 감정을 이해할 수 있다. 그러면 어떻게 행복을 발견할 것인가? 당신은 다른 사람의 필요를 발견하고 그 필요를 채워주려고 노력해야 한다. 지금 당신의 배우자부터 시작하는 것이 어떻겠는가?

물론 그 필요가 무엇인지 알아내려면 통찰력이 있어야 할 것이다. 당신의 배우자가 당신에게 직접 말해 줄 수 없을지도 모르기 때문이다. 결혼한 지 30년 넘은 한 여성이 귀한 교훈을 말해 준다. "배우자를 관찰하고 그의 반응을 이해하는 것은 정말, 정말 중요하다. 내 남편은 자신에 대한 감정이 안 좋을 때 화를 낸다. 지난 크리스마스 때, 그는 크리스마스트리를 세우느라 애쓰고 있었는데 트리가 계속 쓰러졌다. 2층에 있다가 서재로 들어가려는데, 그가 불평 가득한 얼굴로 나타났다. 처음에는 이해가 안 가서 이렇게 말했다. '이 일은 즐겁게 해야 할 일이에요!' 그런데 그가 나에게 화가 난 것이 아니라 자기 자신에게 짜증을 내고 있다는 걸 알게 됐다. 남자들은 자신의 무능함을 인정하는 걸 좋아하지 않는다. 특히 그와 같은 일에서는 더욱 그렇다. 따라서 그때 그 사람에게 필요한 건 내가 진심으로 그의 말을 들어주고 반응해 주는 것이었다. 또한 내가 하던 일을 제쳐놓고 그를 가장 우선시해야만 했다."

과거를 잊는다

사랑은 "악한 것을 생각하지 않는다"(고전 13:5). 상담을 하다 보면 남편이나 아내가 과거에 배우자가 한 말과 행동을 몇 시간 동안 자세히 설명할 때가 얼마나 많은지 모른다. 15년 전에 일어난 일들을 하나도 빠짐없이 자세히 재현하는 사람도 있다. 그들이 그 사건을 재현할 때마다 그때의 감정도 되살아난다.

상처, 고통, 실망이 모두 어제 일어난 일처럼 생생하게 느껴진다. 그것이 무슨 가치가 있는가? 한 번 정도 상담가에게 그 일을 이야기하는 것은 좋지만, 날마다 마음속에서 그것을 재현하는 것은 쓸모없고 해로운 일이다. 그것은 대단히 파괴적이다.

우리는 모두 감추고 싶은 실수가 있다. 그런데 배우자가 그것을 끄집어내어 우리를 무너뜨리는 데 이용할 수 있다. 당신은 끔찍한 실수를 저질렀다. 그러나 성경의 중요한 메시지는 용서받을 수 있다는 것이다. 그리스도께서 우리를 위해 죽으셨기에 우리는 정죄 받지 않을 것이다. "그러므로 이제 그리스도 예수 안에 있는 자에게는 결코 정죄함이 없나니"(롬 8:1). 용서는 하나님이 더 이상 우리 죄에 대해 우리를 책망하지 않으신다는 뜻이다. 그분은 결코 과거의 잘못들을 다시 상기시키지 않으신다.

배우자를 대할 때 우리는 하나님의 본을 따라야 한다. 물론 그 사람이 잘못을 했지만, 우리에게는 용서할 수 있는 능력이 있다. 배우자가 자백하고 용서를 구한다면 당신은 두 번 다시 과거를 들먹이지 말아야 한다. 지난 일들을 계속 들먹이는 것은 긍정적인 목적을 이루는 데 도움이 되지 않는다.

당신의 행복은 과거가 아니라 앞으로 당신이 어떻게 하느냐에 달려 있다. 중요한 것은 지난 달에 서로를 어떻게 대했는지가 아니라 오늘 서로를 어떻게 대하느냐다. 과거를 잊는 것이 미래를 열 수 있는 열쇠이자, 당신과 배우자 사이에 화해를 가져오는 길이다.

신뢰

사랑은 "모든 것을 믿는다"(고전 13:7). "제가 다시 그 사람을 믿을 수 있을까요?"라고 한 아내가 묻는다. "어떻게 하면 그런 일이 있었는데도 그녀를 신뢰할 수 있을까요?"라고 한 진실한 남편이 묻는다. 신뢰는 부부의 하나 됨에 꼭 필요한 요소다. 배우자를 신뢰한다는 것은 그의 기본적인 진실성을 믿는 것이다. 우리는 그가 말하는 것이 사실이라고 느낀다. 의심할 이유가 없다. 그러나 한 개인이 우리의 확신을 깨고 진실하게 행하지 않으면 신뢰에 금이 간다. 그런 일이 반복해서 생기면 신뢰가 약해지고 급기야 무너지고 만다.

무너진 신뢰를 되살릴 수 있을까? 진실성이 다시 살아난다면 그럴 수 있다. 진실성이 죽으면 신뢰도 죽는다. 죄를 자백하고 용서를 구한다면 하나님께 용서받을 것이다. 우리의 배우자 또한 우리를 용서해 주기를 바라야 한다. 그때 진실성의 씨앗이 다시 심겨진다. 그러나 신뢰가 열매를 맺으려면 시간이 걸린다. 신뢰는 하룻밤 사이에 파괴되지 않으며, 즉각 자라나지도 않을 것이다. 물론 다시 신뢰할 수 있지만, 그런 신뢰는 진실한 행위들의 기록 위에 쌓여 갈 것이다. 그러한 기록을 확립하려면 시간이 걸린다. 우리는 진실성이라는 연약한 식물에 물을 주어야 한다.

그것이 관계 속에 다시 깊이 뿌리를 내릴 때까지 말이다.

실제로 이것은 배우자에 대한 신뢰가 회복되려면 배우자가 신뢰할 만한 새 기록을 확립해야 한다는 뜻이다. 당신의 배우자는 자신이 하겠다고 말한 것을 반드시 해야 한다. 당신과의 모든 관계 속에서 정직해야 한다. 신뢰할 만한 행동을 하지 않으면 신뢰가 자라날 수 없다. 배우자가 진실을 말하는 것을 발견할 때마다 그에 대한 당신의 확신이 자라날 것이다. 이 위기 동안 신뢰는 회복될 수 있지만, 배우자가 신뢰할 만한 행동을 새롭게 시작할 때에만 가능하다.

잘못한 사람이 당신이라면, 배우자가 당신의 행동을 살피게 하여 배우자 편에서 신뢰를 다시 쌓도록 도와줄 수 있을 것이다. 당신의 행동과 말이 일치하는 것을 배우자가 발견할 때마다 신뢰가 자라난다. 시간은 좀 걸리겠지만 당신은 진실한 사람이 될 수 있고 배우자는 당신을 다시 신뢰할 수 있을 것이다.

소망

사랑은 "모든 것을 바란다"(고전 13:7). 나는 상담가가 상담실로 가지고 오는 가장 중요한 것이 소망이라고 생각한다. 경청하는 귀, 배려하는 마음, 소통 기술, 성경적 가르침, 이 모든 것이 성공적인 상담을 위해 반드시 필요하지만, 소망이 없으면 모두 실패할 것이다. 그 소망은 나 자신이 결혼생활에서 어려움들을 해결하면서 생겨났고, 수백 쌍의 부부가 온전해지는 것을 보면서 더욱 확신하게 되었다. 그것은 강력한 성경의 가르침에 뿌리를 두고 있다.

결혼생활 초기에 캐롤린과 나는 소망을 잃어버렸다. 우리의 꿈은 이루어지지 않을 것 같았다. 우리는 서로 사랑했지만(그렇다고 생각했지만) 계속되는 갈등을 해결할 수 없었다. 상대방이 어떻게 해야 한다는 생각을 가지고 있었지만, 아무도 그 기대에 맞게 살지 않았다. 나는 인생에서 가장 원하던 것, 즉 행복한 결혼생활이 날마다 더 멀어져가는 것을 바라보며 고통을 느꼈다. 몸은 서로 헤어지지 않았지만 감정적으로는 이미 별거 중이었다.

단번에 우리 삶을 바꿔줄 요술봉이나 간단한 해결책 같은 것은 없었다. 그러나 우리는 태도가 달라질 때까지 같이 지냈다. 책, 컨퍼런스, 친구들, 하나님이 모두 협력하여 우리의 많은 파괴적인 행위가 우리 자신의 불안감에서 비롯되었다는 것을 깨닫도록 도와주었다.

우리는 우리 자신을 더 잘 이해하게 되었다. 특히 우리 자신의 개인적인 자산과 책임을 더 잘 알게 되었다. 말하는 대신 듣기 시작했고, 요구하는 대신 요청했다. 우리 마음대로 하려고 하지 않고 이해하려고 노력했다. 서로의 강점들을 인정해 주고 서로의 약한 부분들을 도와주었다. 그렇게 우리는 우리 자신을 친구로 여기게 되었다. 지금 우리가 함께 있을 때 느끼는 따뜻함과 안정감은 그 당시의 고통과 상처와는 거리가 멀지만, 나는 그것을 기억하고 있고 그래서 다른 사람들에 대해서도 소망을 가지고 있다.

그리스도의 복음은 "모든 믿는 자에게 구원을 주시는 하나님의 능력"이다(롬 1:16). 나는 몇 년 동안 사람들이 그리스도께 자신을 드릴 때마다 삶이 극적으로 변하는 모습을 보아왔다. 복음의 단순한 메시지는 그리스도가 십자가에서 행하신 일을 믿을 때 하나님이 우리 죄를 사해 주실 뿐 아니라 그리스도의 성령이 실제로 우리 안에 들어와 사시며 변화의 능력을 주신다는 것이다. 누구에게나 변화의 능력이 있지만, 그리스도인은 특히 하나님 뜻대로 살고자 할 때 성령의 구체적인 도움을 받을 수 있다.

그렇다. 당신과 당신의 결혼생활에는 소망이 있다. 그 첫 걸음은 당신 삶을 하나님께 맡기는 것이고, 두 번째 걸음은 그동안 일어난 모든 일에도 배우자를 사랑하는 것이다. 물론 배우자가 당신의 사랑이나 하나님의 사랑에 반응하지 않을 수도 있다. 그러나 하나님은 당신을 소망 없이 내버려두지 않으실 것이다.

당신에게는 하나님과 함께하는 미래가 있다. 그 미래는 화해를 위한 모든 노력을 포함한다. 하나님이 당신의 걸음을 인도하셔서 열매 맺는 삶을 살게 하실 것이다. 당신의 궁극적인 성취는 배우자의 반응이 아니라 하나님에 대한 당신 자신의 반응에 달려 있다.

성 · 장 · 과 · 제

1. 기도하는 자세로, 당신이 배우자에게 하나님의 사랑을 표현할 수 있는 구체적인 방법들을 생각해서 적어보라.

2. 당신이 배우자를 향한 하나님의 사랑을 전달하기 위해 중단해야 할 행위나 말들을 따로 적어보라.

3. 당신이 배우자를 향해 행하는 모든 파괴적인 말과 행동을 중단할 수 있게 해주시도록 하나님께 기도하라.

4. 1번 질문에 적은 행위들 가운데 하나를 선택하여, 이번 주에 배우자를 향한 하나님의 사랑을 표현할 기회를 달라고 기도하라.

5. 배우자의 행동과 상관없이 하나님과 동행하는 일에 전념하라.

3부

위기를 기회로 바꾸는 길

6장 때로는 별거가 더 큰 사랑이다

이제 당신은 이렇게 말할지도 모른다. "채프먼 박사님, 저 같은 경우는 어떻게 하죠? 저는 배우자와 대화하거나 그 사람을 친절하게 대할 수가 없습니다. 제 안전을 위해 아이들을 데리고 집을 나와야만 했으니까요." 우리가 이 책 초반부에 만난 팀이 생각나는가? 팀은 반복되는 언어폭력의 희생자다. 우리는 팀에게 무슨 말을 할 수 있을까?

분명히 말하자면, **결혼생활에 허용되지 않는 몇 가지 사항이 있다**. 육체적 학대, 성적 부정, 성적 아동 학대, 알코올 중독, 약물 중독 등이 결혼생활에서 계속될 때는 사랑의 행동을 취해야 한다. 사실 그런 행위를 생활양식으로 받아들이는 것은 사랑이 아니다. 사랑은 언제나 다른 사람의 건강에 신경을 쓴다. 이 행위를 용인하고 아무것도 하지 않는 것은 사랑이 아니다. 그런 행위는 개인과 결혼생활을 파괴하는 것이다. 사랑은 직면해야 한다. 그것은 힘든 사랑이다. 그러나 진짜 사랑이다.

직면하기, 그리고 구원하기

성경에서 "직면하기"는 언제나 구원하는 것으로 간주된다. 예수님은 "네 형제가 죄를 범하거든 가서 너와 그 사람과만 상대하여 권고하라"(마 18:15)고 말씀하신다. "만일 들으면 네가 네 형제를 얻은 것이요." 즉 그를 설득하여 당신 편으로 만든 것이다. 직면하기의 희망은 관계가 회복될 거라는 사실에 있다.

그러나 우리는 잘못한 사람이 언제나 회개하는 것은 아니라는 것을 알고 있다. 예수님은 계속해서 이렇게 말씀하신다. "만일 듣지 않거든 한두 사람을 데리고 가서 두세 증인의 입으로 말마다 확증하게 하라 만일 그들의 말도 듣지 않거든 교회에 말하고 교회의 말도 듣지 않거든 이방인과 세리와 같이 여기라"(마 18:16-17). 즉 이교도처럼 대하라는 말이다. 당신은 이교도를 어떻게 대하는가? 그를 위해 기도한다. 하나님의 은혜를 전하기 위해 그에게 다가간다. 그러나 그의 죄악 된 행위를 받아들이지는 않는다. 그가 회개하기만 하면, 당신은 바로 용서하고 회복시킬 준비가 되어 있다. 사실 그것이 바로 우리가 바라는 직면하기의 결과다.

그러므로 먼저 배우자에게 개인적으로 다가가라. 그 사람의 행위에 대한 불만을 이야기할 뿐 아니라, 그런 행위가 죄악 된 것임을 확실히 말하라. 그의 행위는 하나님이 결혼생활과 가정을 위해 세우신 법칙을 어기는 것이다. 우리는 그 사람이 파괴적인 행위에서 돌이켜 하나님께 돌아가도록 권면해야 한다. 배우자에게 우리가 그를 몹시 사랑하기에 가만히 앉아서 보고만 있을 수 없다는 것을 확실히 말한다. 우리는 그런 행위를 용납할 수 없다. 배우자가 회개한다면 우리는 용서하고 계속해서 결혼생활 안에서 성장해 갈 것이다.

그 사람이 죄악 된 행위를 처리하려 하지 않으면, 둘째 단계로 우리는 두세 사람에게 그 상황을 알리고 그들과 함께 다시 그 사람을 대면해야 한다. 이들은 부드러우면서도 확고하게 말할 줄 아는, 성숙하고 믿을 만한 사람들이어야 한다. 어쩌면 다른 사람들이 그 상황을 알고 있다는 사실을 알게 되면서 배우자는 파괴적인 행위를 끊기 위해 도움을 청할 마음이 생길지도 모른다. 그들이 상담을 받고자 하면 최대한 빨리 그 과정을 시작해야 한다. 또한 상담가와 부부 모두 문제를 충분히 다루었다고 동의할 때까지 필요한 만큼 오래 상담이 지속되어야 한다. 개인적인 상담과 사려 깊은 그리스도인 가정의 도움으로, 파괴적인 행동 패턴들은 달라질 수 있다. 결혼생활도 회복될 수 있다.

직면하기의 셋째 단계는 교회와 의논하는 것이다. 당신이 배우자와 대면하고 또 두세 사람이 그렇게 한 뒤에도 그가 회개의 필요성을 깨닫지 못하면, 이제 교회가 관여해야 한다. 보통 이것은 목회자나 교회를 대표하는 사람에게 이야기하는 것으로 시작된다. 목회자는 교회를 대표하는 그룹을 데려와 잘못을 저지른 배우자를 다시 대면한다. 어쩌면 이제 그가 사람들의 도움에 긍정적으로 반응하여 치유 과정이 시작될 수 있을 것이다.

이것이 지나치게 많은 것을 요구하는 것처럼 보이고, 일부 목회자들은 관여하지 않으려 할지도 모른다. 그러나 이것은 분명 성경적인 방법이다. 내 경험에 따르면 하나님은 종종 목회자나 장로들의 방문을 통해 배우자의 마음을 감동시키시고 화해 과정을 시작하신다.

여전히 그 문제를 해결하려 들지 않는다면 우리는 그 사람을 어떤 의미에서 비그리스도인으로 대해야 한다. 이 원칙을 부부관계에 적용한다면, 이것이 별거를 의미하는 것일까? 내 생각에 별거는 분명 한 가지 대안이 될 것이다. 그러나 그 목적은 여전히 구원하는 것이다. 별거는 위기를 만들기 위한 것인데, 우리는 그 위기를 통해 배우자가 건설적인 행동을 취하도록 자극 받길 바란다. 그들을 위해 기도하고, 그들을 사랑하며, 그들이 파괴적인 행위에서 돌아설 때 우리는 그들을 기꺼이 받아줄 준비가 되어 있다.

별거도 사랑의 행위가 될 수 있다

일부 그리스도인들은 별거를 늘 죄악 된 행위로 여긴다. 그런데 사실은 때에 따라 별거도 우리가 취할 수 있는 가장 큰 사랑의 행위가 될 수 있다. 예를 들어보자.

조이스는 내가 수업할 강의실 밖에서 기다리고 있었다. 가까이 다가가자 그녀의 눈이 나를 바라보고 있다는 걸 알 수 있었다. "채프먼 박사님 맞으시죠?" 그녀가 물었다. 그 순간에 게리 스몰리인 척할 필요는 없었으므로 나는 맞다고 했다. 그녀는 계속해서 말했다. "어젯밤 교수님의 강의에 대해 질문이 있어서 기다리고 있었어요. 사랑에 관한 교수님의 이야기는 저에게 몹시 고통스러웠어요. 저는 3개월 동안 남편과 별거해 왔어요. 그래서 묻고 싶은 게 있는데요, 사랑을 그만두어야 할 때가 있을까요?"

"왜 그렇게 묻는 거죠?" 내가 물었다.

"제 남편은 8년 동안 육체적, 감정적으로 저를 학대했어요. 일을 하지 않으려고 해서 제가 7년 동안 가족을 부양했죠. 그러다가 제가 병에 걸렸어요. 그런데도 그 사람은 일자리를 구하려고 하지 않더라고요."

"남편이 일을 할 수는 있었습니까?"

"적어도 저만큼은 능력이 있어요. 우리가 결혼할 땐 그 사람도 일을 하고 있었으니까요. 6개월 뒤 직장을 잃고는 적극적으로 다른 직장을 찾아보려 하지 않았어요. 제가 일을 하고, 그 사람은 집에서 아이들과 함께 지냈죠. 주로 텔레비전을 봤어요. 여전히 제가 요리를 다 하길 기대했고요. 막내가 학교에 입학했는데도 여전히 일자리를 찾으려 하지 않았어요.

저는 지쳤어요. 주고 또 주어도 돌아오는 건 아무것도 없었어요. 이젠 더 이상 줄 사랑도 없어요. 제가 그 사람을 사랑하는 일을 그만둔 것이 잘못이었을까요?"

"아마도 당신은 남편을 사랑하는 일을 그만둔 것이 아닐 겁니다. 당신은 그를 이전보다 더 사랑하고 있을 거예요. 제가 이해하는 성경적인 사랑의 개념은 다른 사람의 유익을 구하는 것입니다. 사랑은 당신 자신보다 상대방의 행복을 더 우선시하는 거예요."

조이스가 끼어들었다. "그건 제가 지금까지 해온 일이에요, 채프먼 박사님. 그렇지만 이젠 더 이상 할 수가 없어요."

"지금까지 당신이 그런 의도를 갖고 있었다는 걸 알아요. 하지만 당신의 행동이 모두 사랑이었는지는 잘 모르겠습니다. 사실 당신은 배우자가 무책임하게 살도록 도와주었어요. 당신이 정말로 그를 도와주었나요? 그것이 진정으로 그에게 유익이 되었을까요? 당신은 그가 일하지 않고 살 수 있게 해주었어요. 하지만 성경은 '누구든지 일하기 싫어하거든 먹지도 말게 하라'(살후 3:10)고 말합니다. 당신의 행동들은 그가 기본적인 성경 원칙을 어기도록 도와준 거예요."

나는 이 대화가 조이스가 예상한 방향과 다르게 가고 있다는 걸 알았다. 계속해서 이렇게 말했다. "지금 별거 중인 당신은 그가 이 원칙을 따르도록 돕기 위해 한 걸음 나아간 겁니다. 당신은 이렇게 말한 거예요. '더 이상 당신이 성경에 불순종하도록 부추기지 않을 거예요. 나는 당신이 일하게 만들 수 없지만, 당신이 책임을 회피하도록 돕지도 않을 거예요.' 혹시 모르죠, 그가 일자리를 구할는지."

"아, 이미 그 사람은 제가 돌아온다면 취직을 하고 저한테 친절하게 대할 거라고 약속했어요"라고 그녀가 말했다.

"그럼 그가 약속을 지키는지 봅시다. 그가 일자리를 구하게 하고, 함께 목회자나 상담가를 찾아가 학대 문제를 상의하세요. 어쩌면 곧 건강하고 성경적인 결혼생활을 누릴 수 있을 겁니다. 그렇지만 이 일들을 철저하게 처리할 때까지는 당신이 돌아가지 않을 거라는 사실을 분명히 해두세요. 당신은 상황이 달라질 수 있다는 증거를 가지고 있어야 합니다. 왜 내가 당신이 예전보다 지금 더 효율적으로 배우자를 사랑하고 있을지도 모른다고 말했는지 이제 알겠지요? 제 말을 오해하지 마세요. 저는 이혼을 권하는 것이 아닙니다. 사랑한다면 상대방을 돕기 위해 맞서야 한다고 말하는 것입니다.

사랑은 남편에게 이렇게 말하는 겁니다. '나는 당신을 몹시 사랑하기 때문에 당신이 잘못하는 걸 도와줄 수 없어요. 여기 가만히 앉아서 당신이 밤마다 나에게 욕을 하고 당신 자신과 나를 파괴하는 걸 지켜보고 있지 않을 거예요. 당신이 욕하는 걸 멈추게 할 순 없지만, 오늘밤은 가만히 듣고 있지 않을 거예요. 당신이 우리 삶을 더 좋게 만들기 원한다면 나도 받아들일게요. 하지만 당신이 나를 파멸하는 일에 일조하진 않을 거예요.' 당신의 태도는 포기가 아니라 사랑이어야 합니다."

나는 계속 말했다. "당신의 처음 질문에 답을 하자면, 누군가를 사랑하는 일을 그만두어야 할 때는 없습니다. 다만 그 사랑을 다른 방법으로, 더 효과적인 방법으로 표현하기 시작해야 할 때는 있습니다. 사랑은 누군가가 당신을 짓밟게 하는 것이 아닙니다. 사랑은 상대방의 건강을 매우 소중히 여기기에, 그의 병적인 행동을 그냥 두고 보지 않는 것입니다. 상대방의 부적절한 행위에 맞설 만큼 그를 사랑할 때 많은 사람이 치유됩니다."

하나님의 힘든 사랑

하나님은 이렇게 경계를 짓는 사랑에 대한 가장 좋은 본을 보여주셨다. 이스라엘 백성을 향한 다음 말씀과 비슷한 구절들을 성경에서 거듭 볼 수 있는 이유다.

너희가 이 모든 법도를 듣고 지켜 행하면 네 하나님 여호와께서 네 조상들에게 맹세하신 언약을 지켜 네게 인애를 베푸실 것이라 곧 너를 사랑하시고 복을 주사 너를 번성하게 하시되 네게 주리라고 네 조상들에게 맹세하신 땅에서 네 소생에게 은혜를 베푸시며 네 토지 소산과 곡식과 포도주와 기름을 풍성하게 하시고 네 소와 양을 번식하게 하시리니(신 7:12-13).

네가 만일 네 하나님 여호와를 잊어버리고 다른 신들을 따라 그들을 섬기며 그들에게 절하면 내가 너희에게 증거하노니 너희가 반드시 멸망할 것이라(신 8:19).

그렇게 경계 짓는 것을 어떤 사람은 비기독교적이고 사랑이 없는 것으로 해석해 왔다. 사실 그것은 최고의 사랑이다. 경계가 없으면 모든 삶은 혼란스러워진다. 시인 로버트 프로스트는 "좋은 울타리는 좋은 이웃을 만든다"고 말했다.1 이것은 단지 좋은 시가 아니라, 탁월한 지각이다. 결혼생활에 허용되지 않는 것들이 있다. 사랑은 분명히 선을 긋고 그런 행위들을 정상적인 것으로 받아들이지 않는다. 그런 힘든 사랑이 반드시 화해로 이어지지 않을 수도 있으나, 그것은 책임감 있는 사랑의 행위다.

배우자의 행위와 상관없이 그가 바라는 것을 모두 들어주는 것이 사랑이라고 생각하는 그리스도인들이 있다. 하나님은 그렇게 행하지 않으신다. 하나님이 우리를 조건 없이 사랑하시는 것은 사실이지만, 우리가 그분의 명령에 순종하든 불순종하든 상관없이 동일하게 다가오시는 것은 아니다. 하나님은 경계선을 정해 놓으셨다. 우리가 이 경계선들을 충실히 지키면 "축복"을 경험한다. 그러나 그것을 어기거나 거역하면, 하나님은 우리를 매우 사랑하시기에 침묵하지 않으신다.

때로는 사랑이라는 이름으로, 또는 두려움 때문에 배우자의 파괴적인 행위를 참아주다가 급기야 그 사람을 미워하게 된다. 그때 우리는 자기 방어를 위한 행동을 취한다. 아직 그 과정을 견딜 만한 감정적 에너지가 남아 있을 때 그 관계 속에서 일찍 행동을 취하는 것이 훨씬 건강하다. 죄악 된 행위를 "참고 견디는" 것은 결코 하나님의 뜻이 아니다. 하나님은 매우 깊이 우리를 사랑하시므로 그러실 수가 없다.

우리가 일찍 경계선을 명확히 하고, 배우자가 그것을 위반했을 때 빨리 반응할 수 있다면 더 좋다. 우리 자신의 행동에 책임을 지지 않는 한, 따뜻한 사랑의 관계가 주는 유익을 누릴 수는 없을 것이다.

학대에 어떻게 대처해야 할까

어쩌면 당신은 육체적 또는 언어적 학대나 성적 부정, 아동의 성적 학대, 알코올이나 약물 중독, 성경에서 분명하게 정죄하는 다른 행위 때문에 별거를 했거나 심각하게 별거를 고려하고 있을 것이다. 그렇다면 목회자나 기독교 상담가와 긴밀히 협력하여 당신이 어디로 가야 하는지 결정할 것을 권한다. 당신이 별거를 결정한 것은 힘든 사랑의 의식적인 행위였을 수도 있고, 단순히 자신을 보호하려는 행위였을 수도 있다. 어떤 경우든 그런 학대에 대처하도록 도와준 경험이 있는 전문가의 관점이 당신에게 도움이 될 것이다.

당신은 별거하는 동안 많은 질문에 직면할 것이다. 육체적 학대나 성적인 아동 학대가 있었다면, 당신은 헤어진 배우자가 집에 방문하는 것을 허락하겠는가? 내 생각에는 많은 상담이 이루어지고 상담가가 안전하다고 동의하기 전까지는 그런 방문을 허락하지 않는 것이 좋다. 이런 경우, 달라지겠다는 약속만으로는 충분치 않다. 약속은 전에도 했었다. 학대 행위에서 진정한 변화는 여러 차례의 상담과 성령의 도우심 없이는 일어나지 않을 것이다. 명심하라. 우리의 목표는 단순히 재결합하는 것이 아니라 화해하는 것이다. 진짜 문제를 다루지 않고 재결합하는 것은 거의 확실한 재앙이다.

힘든 사랑은 가혹해 보일 수 있지만 때로는 반드시 필요하다. 온유함과 확고함으로 접근하는 것이 적절하다. 학대를 철저히 다루기 전에는 학대하는 배우자와 화해할 수 없다. 우리는 열린 마음으로 기나긴 치유의 길을 걸어가야 한다. 그러나 감히 학대를 무시해선 안 된다. 학대를 눈감아주면 더욱 악화될 뿐이다. 미루지 말고 지금 힘든 사랑의 확실한 경계를 정하는 것이 좋다. 나중으로 미루다 보면 너무 늦을지도 모른다!

성 · 장 · 과 · 제

1. 다음 중 당신의 결혼생활에서 배우자의 행위에 해당하는 것은 무엇인가?(해당되는 항목 옆에 상대방의 이름을 적어보라.)

   _____ 육체적 학대　　　　_____ 언어적 학대
   _____ 성적 아동 학대　　　_____ 성적 부정
   _____ 알코올 남용　　　　_____ 약물 남용
   _____ 기타

2. 결혼생활에서 당신의 행위에 해당하는 것은 무엇인가?(해당되는 항목 옆에 당신의 이름을 적어보라.)

3. 당신 자신의 파괴적인 행위를 다루기 위해 어떤 조치를 하였는가?

4. 당신의 배우자는 그의 파괴적인 행위를 다루기 위해 어떤 조치를 하였는가?

5. 위 항목 가운데 두 사람의 삶에 확실하게 자리 잡은 것이 있다면, 이런 행위들이 변화된 뒤에야 진정한 화해가 이루어질 수 있다. 대부분은 목회자나 전문상담가의 도움이 필요할 것이다. 아직 목회자나 상담가를 만나지 않았다면, 지금 바로 그런 사람을 찾아 약속을 잡으라.

   또한 당신의 배우자에게 상담을 받지 않으면 화해할 수 없다는 것을 반드시 이해시키라. 달라지겠다는 약속만으로는 부족하다고 말해 주라. 배우자가 진지한 자세로 받아들인다면 기꺼이 도움을 받으려 할 것이다.

6. 당신의 배우자가 이러한 파괴적인 행동 유형에 대해 상담 받으려 하지 않는다면 당신만이라도 상담가를 만나길 바란다. 그래야만 그의 도움을 받아, 배우자와 함께 힘든 사랑의 경계를 어떻게 정해야 할지 알 수 있을 것이다.

7장   외로움을 벗어나 의미 있는 삶으로

몇 년 전, 우리 성도에게 하나님의 가족 안에서 독신자의 역할에 대해 이야기한 적이 있다. 그때 나는 독신자가 직면하는 몇 가지 문제를 설명하면서 외로움의 고통을 언급했다. 그 다음 주에 남편과 헤어진 한 젊은 엄마가 내게 다가와 이렇게 말했다. "목사님은 지금 무슨 얘길 하고 계신지 모르는 것 같아요." 순간 나는 깜짝 놀랐다. "무슨 말씀이시죠?"

"지난주에 목사님이 외로움에 대해 하신 설교 말이에요. 저는 목사님이 외로운 게 뭔지 아실 거라고 생각하지 않아요. 목사님 곁에는 목사님을 사랑하는 아내가 있잖아요. 어떻게 목사님이 외로움을 아신다고 할 수 있어요?"

나는 그녀가 옳다는 걸 인정했다. "당신이 겪고 있는 아픔을 제가 모르는 건 확실합니다." 어떤 의미에서는 아무도 다른 사람이 겪는 고통을 알 수 없다. 우리는 아파하는 사람들의 얘기를 들어주고 이해하려고 노력할 뿐이다.

나는 몇 개월 전에 쓴 글을 다시 읽어 보았다. 웨스트코스트 대학에서 독신자 사역에 관해 강의하면서 3주 동안 가족과 떨어져 지낼 때였다. "오늘 아침과 저녁에 경험한 외로움은 굉장히 오랜만에 느껴 본 것이었다. 집과 친구들로부터 5천 킬로미터나 떨어져 있으니 공허감이 몰려온다. 캠퍼스에 수많은 사람이 있지만 내가 아는 사람은 아무도 없다. 학생들은 다 서로 아는 것 같고 편안함을 느끼는 것 같다. 그러나 나는 몹시 외롭다."

내가 그날 밤 느낀 고통, 주변에 아무도 나를 아는 이가 없다는 고립감은 그 젊은 엄마가 느낀 외로움과 비교도 안 되는 것이다. 나는 곧 있으면 사랑하는 아내와 아이들이 있는 집으로 돌아가리라는 것을 알았다. 가족과 다시 만나는 장면을 마음속으로 그려 보았다. 그 꿈을 가지고 하루하루를 지냈다. 그러나 그 젊은 여성에게는 그런 비전과 꿈이 없었다.

한 젊은 남성이 목사에게 이렇게 말했다. "저는 2년 동안 외롭게 지냈어요. 허전함을 말하는 게 아니에요. 정말 외롭거든요. 허전한 것과 외로운 것의 차이를 아십니까? 모르시겠죠! 목사님은 절대 아실 턱이 없어요. 허전함은 어떤 사람이 없는데 얼마 후에 그가 돌아오리라는 것을 알 때 느끼는 거예요. 그렇지만 외로움은 아무도 그리워할 사람이 없을 때 느끼는 거지요.

저는 그들이 떠난 뒤 오랫동안 허전했어요. 그때는 그들이 다시 올 거라고 생각했지요. 전 그들을 원망하지 않아요. 그게 제 잘못이 아니었다는 말은 아닙니다. 대부분은 그랬죠. 하지만 그들은 돌아오지 않고 있어요. 백만 년 동안. 목사님은 지옥이 어떤 곳인지 모르시지요! 절대 모르시길 바랍니다!"

상담가 새뮤얼 레이니는 이렇게 말한다. "결혼생활에서 느끼는 외로움은 독신자가 느끼는 외로움보다 힘든 것이다. 평생의 헌신과 함께 오는 희망과 기대들이 어느 시점에선 견딜 수 없게 될 것이다. 그런 필요들이 채워지지 않고 남아 있기 때문이다."[1]

외로움과 슬픔

배우자와 물리적으로 떨어져 있든, 같은 지붕 아래 살지만 감정적으로 서로 멀어져 있든 간에, 외로움은 실제로 존재한다! 그것이 치명적일 수 있다는 것을 많은 사람이 모르고 있다. 심리학 교수이자 메릴랜드 주립 의과대학 정신신체의학 클리닉 연구 책임자인 제임스 린치는 외로움과 신체 건강의 관계를 폭넓게 연구했다. 한 인터뷰에서 린치 박사는 외로움과 건강이 얼마나 밀접한 관계가 있느냐는 질문을 받았다. "그것은 공기와 건강의 관계를 묻는 것이나 마찬가지입니다. 우리가 숨 쉬는 공기처럼, 인간의 친근한 관계는 그것을 박탈당하기 전까지는 당연하게 받아들입니다. 사실 사회적 고립, 갑작스러운 사랑의 상실, 만성적인 외로움은 질병과 조기 사망의 중요한 원인이 됩니다. 외로움은 우리 문화를 압박하여 한계점에 이르게 할 뿐 아니라, 우리의 신체 건강도 한계점에 이르게 합니다."[2]

연구원 잭 메달리와 유리 골드보트는 심장병의 한 종류인 협심증의 원인이 되는 요소를 알아보기 위해 40세 이상의 기혼 남성 만 명을 연구했다. 이스라엘에서 행해진 그 연구는 5년 동안 대상자들을 추적 관찰했다. 그 결과 사랑하고 지지해 주는 아내를 둔 남자들이 냉담한 아내를 둔 남자들보다 심장병에 걸리는 확률이 더 낮은 것으로 드러났다(1,000명당 52명 대 1,000명당 93명).[3] 결혼생활에서의 친밀한 관계는 신체 건강에 도움이 된다. 부부 관계에서 느끼는 외로움은 건강에 해롭다.

별거 중인 부부가 겪는 외로움은 훨씬 극심한 것 같다. 한 여성은 〈기독교의료협회저널〉(Christian Medical Society Journal)에 실린 글에서 그 고통을 생생하게 묘사했다. "외로움은 아마도 별거한 부부의 길을 가로막고 있는 가장 깊은 수렁일 것이다. 결혼한 지

몇 년이 지난 후, 나는 날마다 일상의 사소한 일들을 함께 나눌 사람이 없다는 걸 알게 됐다. 식사시간이 특히 외로웠고 누군가를 위해 요리를 한다는 것이 무의미해 보였다. 엄마들은 음식을 만들어주고 같이 이야기를 나눌 자녀들이 있지만, 그럼에도 그들은 어른과의 친근한 교제를 갈망한다. 자녀가 없는 나는 내 인생이 얼마나 공허한지를 생각할 틈을 주지 않으려고 여러 활동에 뛰어들었다. 교회에서나 파티에서도 종종 고립감을 느낀다. 특히 아무도 나와 함께 앉으려고 하지 않을 때는 더 그렇다."[4]

외로움에 대한 탐구 영역을 개척해 온 매사추세츠 대학교 사회학 교수인 로버트 와이스는 두 가지 형태의 외로움이 있다고 말한다. 바로 감정적 외로움과 사회적 외로움이다.[5] 증상은 다르지만 두 외로움의 원인은 같다. 즉 의미 있는 애착 관계를 형성해야 할 필요를 충족시키지 못하기 때문에 생기는 것이다.

감정적 외로움은 배우자나 가장 친한 친구와의 친밀감에 대한 욕구에서 비롯된다. 감정적으로 외로운 사람은 자신이 절대적으로 의존할 수 있는 사람이 없다고 느낀다. 증상은 긴장감, 가능성 있는 위협에 대한 경계심, 초조함, 식욕 저하, 불면증, 전반적인 불안감 등이다.

사회적 외로움 속에서 개인은 대체로 공동체와 분리된 느낌을 경험한다. 그는 "다른 곳에서 중요한 일이 일어나고 있다"는 느낌을 경험한다.6 사회적으로 외로운 사람에게는 종종 하루의 일과가 무의미해진다. 그들은 한낮에 잠을 자고 한밤중에 깨어 있을지도 모른다. 사회적 외로움은 특히 중요한 직업을 가지고 있지 않은 사람들 사이에서 확연히 나타난다. 그들은 자신의 삶이 가치 있는 일을 전혀 해내지 못하고 있다고 느낀다.

별거 중인 사람들은 두 종류의 외로움을 모두 경험할 가능성이 높다. 특히 결혼생활 외부에 사회적 지원 시스템이 없을 때는 더욱 그렇다. 몇 년 동안 집에만 있었던 아내는 별거하는 동안 남편뿐 아니라 온 세상으로부터 단절감을 느끼기 쉽다.

외로움을 우울함으로 착각하는 경우도 더러 있다. 외로운 사람들은 외로움을 떨쳐버리지 못하는 것에 대한 좌절감에 결국 우울해질 수 있지만, 그 둘은 매우 다른 상태다. 우울함은 변화를 거부하지만, 외로움은 변화하기 위한 압력을 만들어낸다. 우울함은 우리를 꼼짝하지 않게 만들지만, 외로움은 희망을 주는 방향으로 움직이게끔 압박할 것이다. 외로운 사람들이 싱글스바(singles bar, 독신 남녀가 데이트 상대를 찾아 모이는 술집_옮긴이)를 찾는 이유가 그것이다. 마음속으론 줄곧 그곳에 가지 말아야 한다고 생각하면서도 그곳을 향한다. 반면에 우울함은 자기 연민에 빠져 블라인드를 다 내린 채 집에만 있게 만든다.

당신은 인생을 어떻게 보내고 있는가

당신이 의미 있는 직업에 종사하게 될 때 세상의 모든 의미 있는 것에서 단절되었다고 느끼는 사회적 외로움은 치유될 수 있다. 인생을 어떻게 보내고 있느냐에 따라 우리의 가치 의식이 생겨나는 경우가 많다. 내 인생이 하나님과 세상에 진실하고 긍정적으로 기여하고 있다고 느낀다면 사회적 외로움으로 괴로워하지 않을 것이다. 나는 단절되지 않고 나의 세대에서 의미 있는 일에 적극 참여하여 중요한 역할을 하게 된다.

어떤 이들에게는 그것이 학교로 돌아가 오랫동안 잠자고 있었던 꿈을 위해 준비하는 것을 의미할지 모른다. 30대 중반의 한 여성이 떠오른다. 그녀는 남편과 별거하자 가까운 기술대학에 입학해서 좋은 성적으로 학업을 마치고 행정 능력을 길렀다. 그 여성은 지금 자신의 직업 사회에 큰 기여를 하고 있다고 느끼고 있다. 세상에 의미 있는 공헌을 하고 있는 팀에 속해 있다는 소속감이 사회적 외로움을 감정적으로 치유해 준다.

그런 훈련은 자신감도 세워줄 것이다. 당신이 잘할 수 있다는 것을 보여줄 때 자신에 대해 긍정적인 느낌을 갖게 되고, 하나님이 장차 당신을 위해 계획하신 일에 대한 비전이 커진다. 틀림없이 당신은 아직 개발되지 않은 관심사와 능력이 많이 있을 것이다. 이번이 그것들을 개발하기에 가장 좋은 시간일지 모른다.

그러한 직업적, 개인적인 발전이 배우자와 화해하는 디딤돌 역할을 할 수 있다. 당신이 고통 때문에 아무것도 하지 못하는 것이 아니라 오히려 성장의 기회로 삼는 모습을 보고 당신의 배우자는 성숙한 결혼생활에 대한 희망을 보게 될 가능성이 크다. 당신의 배우자는 당신이 달라지고 더 나은 사람이 되는 것을 볼 수 있다. 그런 건설적인 변화는 새로운 희망을 불러일으킨다. 당신이 긍정적으로 행동한다고 해서 반드시 배우자가 돌아오리란 법은 없다. 확실한 것은 사회적 외로움이 치유된다는 것이다.

어떤 여성들은 그런 직업적 훈련이 불가능하거나 바람직하지 않다고 느낀다. 그들은 자녀 때문에 제한받거나 울타리 안에 갇혀 있다고 느낀다. 자녀는 하나님의 선물임을 기억하자(시 127:3). 별거할 때에도 자녀는 여전히 하나님의 축복이다. 자녀와의 관계 덕분에 다른 사람보다 훨씬 외로움이 덜할 것이다. 의미 있는 직업의 차원에서도, 자녀를 가르치는 것보다 보람된 일은 없다. 다른 일은 주로 "사물"을 다루지만 당신은 사람을 다룬다. 그들의 상품은 일시적이지만 당신의 자녀는 영원하다. "요람을 흔드는 손이 세계를 지배한다"는 것은 여전히 사실이다. 집 밖에서 일을 하지 못한다고 해서 당신의 처지를 비관하지 말라. 당신에게 주어진 기회에 대해 하나님께 감사하고 최대한 활용하라.

집 밖에 나가 일하는 것을 원치 않는 아내가 별거 때문에 어쩔 수 없이 일해야 하는 경우도 있다. 남편이 경제적으로 충분하게 지원해 줄 수 없거나 해주지 않는 경우, 아내는 일을 할 수밖에 없다. 당신이 그런 부담을 느낀다면, 그것을 기회로 여기라. 하나님께 육체적, 정신적 힘을 더해 달라고 기도하라. 자녀를 양육하는 데 솔로몬의 지혜를 구하고 하나님의 여인이 되기 위해 나아가라. 사회적 외로움은 당신의 문제가 되지 않을 것이다.

일을 하거나 학교에 다닐 수 없는 사람들도 다양한 공동체 안에서 의미 있는 프로젝트에 참여할 기회들이 있다. 시민 단체는 항상 시간과 에너지를 쏟을 자원봉사자를 찾고 있다. 그리스도인 여성 클럽이나 그리스도인 경영인 모임 같은 기독교 단체도 당신의 능력을 의미 있는 활동들에 쓰도록 도와줄 것이다. 방관자로 서 있지 말라. 당신은 팀에 들어갈 수 있다! 당신의 삶을 지혜롭게 투자하여 성취감을 느낄 수 있다.

고치에서 나오라

감정적 외로움, 다른 사람과 친밀한 관계를 맺지 못하는 것에 대한 궁극적 해답은 당신 자신, 하나님, 다른 사람들과 적극적으로 유익한 관계를 맺는 것이다. 앞에서 다루었지만, 다시 한 번 당신이 당신 자신의 가장 좋은 친구가 될 수 있다는 사실을 강조하고 싶다. 당신은 다른 사람과 함께하는 것보다 혼자서 보내는 시간이 더 많다. 그 시간을 즐겁게 만들어보지 않겠는가? 당신 자신을 좋아하고 인생을 즐길 수 있는 분위기를 만들라. 지난 일들 때문에 자신을 파괴하지 말라. 당신의 실패를 인정했으니, 이제 일어나 오늘 스스로 만족할 만한 일을 해보라.

교회는 당신이 하나님, 다른 사람들과 의미 있는 관계를 맺는 데 도움을 줄 수 있다. 별거해서 외롭게 사는 사람이 우리 교회 가운데 들어올 때 일어나는 일들을 지켜보면 마음이 흐뭇하다. 그는 설교 속에서 오랫동안 듣지 못한 희망의 말을 듣는다. 비공식적인 성경공부 모임을 통해 스스로 희망을 찾고 있는 사람들을 만난다. 그리고 완벽하지 않지만 용서받은 사람들이 사랑으로 그에게 다가오는 것을 본다. 한 주 한 주 지나면서 조금씩 하나님께 마음을 열고 그 희망의 손길들에 반응을 보인다. 하나님께 이야기하고 자신을 향한 하나님의 말씀을 듣는 법을 배운다. 진심으로 관심을 가져주는 사람들에게 자신의 이야기를 털어놓는다. 조금씩 외로움이 사라지면, 한때 낙담에 빠져 있던 사람이 향기로운 장미꽃처럼 아름답게 피어나기 시작한다. 지역 교회의 교제를 돕는 우리 사역자들에게 그보다 보람 있는 일은 없다.

너무 쉽게 들리는가? 너무 "종교적"으로 들리는가? 분명히 말하지만 이것은 쉬운 일이 아니지만 비현실적인 것도 아니다. 우선 당신이 감수해야 할 위험이 매우 크다. 당신을 감싸고 있는 고치에서 나와야 한다. 당신은 나는 법을 배울 수 있다. 그러려면 먼저 고치가 벗겨져야 한다. 외로움에서 자유로워지는 법을 배우려면 따뜻한 교제를 찾아 당신의 방에서 나와야 한다.

불행히도 당신은 어느 교회에서도 당신에게 필요한 따뜻함을 발견하지 못할 것이다. 어떤 모임은 낡은 배들을 위한 등대가 되기보다 회비를 내는 사람들을 위한 상조회가 되어버렸다. 그러나 포기하지 말라. 예수님은 "구하라 그리하면 너희에게 주실 것이요 찾으라 그리하면 찾아낼 것이요 문을 두드리라 그리하면 너희에게 열릴 것이니"(마 7:7)라고 말씀하셨다. 당신의 노력은 결코 헛되지 않을 것이다.

한 가지 주의할 것이 있다. 당신이 추구할 것은 결혼생활이 아니라 그리스도인의 사랑이다. 명심하라. 당신의 목표는 배우자와 화해하는 것이다. 당신은 그 목표를 위해 모든 길을 열어두길 원한다. 그동안 당신에겐 다른 사람들의 사랑과 보살핌이 필요하다. 다시 말하지만, 당신이 교회에서 만나는 사람들에게 완벽함을 기대하지 말라. 심지어 교회에서 당신을 이용하려는 사람들을 만날지도 모른다. 교회는 활동에 참여하는 모든 사람의 성품을 일일이 점검하고 들여보내지 않는다. 예수님이 말씀하신 것처럼 추수 때까지 알곡과 가라지는 함께 자란다(마 13:24-30).

교회만큼 외로운 사람들의 필요를 잘 채워줄 수 있는 기관은 없다. 교회는 사회적 지원 시스템뿐 아니라 영적인 지원 시스템도 제공한다. 하나님과 올바른 관계를 맺고 그분의 피조물들과 따뜻한 관계를 맺는 것이 외로움을 치료하는 최고의 약이다.

잠시 주제에서 벗어나지만 전하고 싶은 말이 있다. 우리는 앞서 말한 그런 교제를 만들어가는 과제를 받아들여야 한다. 상처받은 사람들이 우리의 도움을 받기 위해 왔다가 치유받지 못하고 떠나는 모습을 보자면 정말 슬프다. 어느 나이든 여성이 이렇게 말했다. "교회 예배석에서는 따뜻한 몸 옆에 앉아 있어도 아무 온기를 느끼지 못합니다. 같은 믿음을 가지고 있지만 어떤 사랑의 행위도 끌어낼 수 없어요. 옆에 앉은 사람과 같은 찬송가를 부르지만 내 목소리만 듣습니다. 예배가 끝나면 처음에 들어왔을 때처럼 누군가의 손길을 갈급해하며 나가고요. 내가 그들에게 중요한 사람이라고 말해 줄 누군가가 필요해요. 그냥 웃어주는 것, 내가 이방인이 아니라는 어떤 몸짓이나 손짓만으로도 충분할 텐데 말이죠."[7] 폴 투르니에는 다음과 같이 말했다.

그럼에도 오늘날 공동체에 대한 깊은 갈망을 해결해 줄 수 있는 것은 교회뿐이다. 그리스도는 자신의 제자들을 둘씩 짝지어 보내셨다.

성경에 따르면 초기 그리스도인들의 훌륭한 공동체는 "한마음과 한 뜻이 되어 모든 물건을 서로 통용했다"(행 4:32, 2:44).

오늘날 교회는 세상에 참된 교제의 방법을 보여주는 대신 개인주의의 승리를 보여주는 것 같다. 신자들은 서로 알지도 못하면서 나란히 앉아 있고, 장로들은 정당과 절차가 있는 작은 의회로 모이고, 목사들은 서로 상관하지 않고 자기 할 일을 한다.[8]

우리가 섬기는 교회들이 "수고하고 무거운 짐 진 자들아 다 내게로 오라 내가 너희를 쉬게 하리라"(마 11:28)고 말씀하신 우리 주님의 사역을 스스로 계속해 나가는 것을 볼 때까지 우리는 만족하지 못할 것이다.

교회에서든 공동체 안에서든 식료품 가게에서든 사람들을 만나면 당신이 먼저 적극적으로 다가가야 한다. 감정적 외로움은 시간이 지난다고 해서 저절로 사라지지 않는다. 당신에겐 다른 사람들과의 교제가 필요하고, 당신이 주도적으로 관계를 형성해 가야 한다.

다른 사람들이 당신에게 다가오지 않을 수도 있지만 당신이 먼저 대화를 시작하여 관심을 보이면 그들도 당신에게 관심을 가질 것이다. 당신이 먼저 다른 사람들의 행복에 관심을 보이면 그 관심이 당신에게 돌아올 것이다. 따뜻한 관계들을 형성할 때 감정적인 외로움은 자취를 감춘다.

최근 성행하는 소셜미디어가 사람들이 만나는 공간인 것은 틀림없지만 안전한 공간은 아니다. 당신이 소셜미디어를 통해 친구나 가족과 소통하더라도 서로 얼굴을 보며 나누는 교제가 가장 안전하고 유익하다.

제임스 존슨의 사려 깊은 책 제목이 그 진리를 강하게 선포한다. "외로움은 영원하지 않다"(Loneliness is not forever). 당신은 절망적인 상황에 갇혀 있다고 느낄지 모른다. 당신은 별거 중이지만 이혼한 것은 아니다. 아파할 자유는 있으나 재혼할 자유는 없다. 외롭고 쓸쓸하다. 그러나 별거가 일시적인 상태이듯이, 외로움도 지나가는 통로일 뿐이다. 즉 거실이 아니라 복도다. 복도 한쪽 끝에는 우울함, 무활동, 고통, 어둠이 있으나, 다른 끝에는 생명, 사랑, 의미가 있다. 당신은 복도 가운데 있다. 어쩌면 바닥에 드러누워 울고 있을지도 모른다. 그러나 결국은 일어날 것이다.

그때 당신이 소망의 문을 향해 걸어가기를 바란다(어쩌면 처음엔 기어갈 수도 있지만). 그 문만 통과하면 당신을 있는 그대로 받아주고 당신이 원하는 사람이 되도록 도와줄 따뜻한 사람들이 있을 것이다. 외로움은 영원하지 않다!

성·장·과·제

1. 다음 질문들에 답하면서 당신이 사회적 외로움을 느끼는지 확인하라.

- 세상의 모든 가치 있는 것에서 단절되고 동떨어져 있다고 느끼는가?

- 다른 사람들이 의미 있는 목표들을 달성하는 것을 관람석에 앉아 구경만 하고 있다는 느낌이 드는가?

- 당신의 일생에 세상에서 할 수 있는 일이 있다면 무엇을 하고 싶은가?

- 그 목표는 당신에게 현실적인가? 그렇지 않다면 현실적인 목표는 무엇인가?

- 만일 당신이 그 목표를 달성한다면 첫 걸음은 무엇일까?

- 그 걸음이 당신과 배우자의 관계에 어떤 영향을 끼칠 것인가?

- 그러한 걸음이 당신에게 어떤 도움이 될 것인가?

- 그 걸음을 내딛은 후 하나님께 가장 좋은 방향으로 인도해 달라고 구하지 않겠는가?

2. 다음 질문들에 답하면서 당신이 감정적 외로움을 느끼는지 확인하라.

• 당신은 감정적으로 혼자라고 느끼는가? 당신의 솔직한 감정들을 함께 나눌 사람이 아무도 없다고 느끼는가?

• 배우자에게 당신의 감정을 나눌 수 있는 기회와 자유가 있는가?

• 거절당할 것을 두려워하지 않고 마음을 털어놓을 수 있는 친구가 있다면 그 친구와 당신의 현재 고통을 나눈 적이 있는가? 오늘 그렇게 해보지 않겠는가?

• 당신은 다른 사람들과 우정을 키워야 할 필요를 느끼는가? 당신의 공동체 어디에서 그러한 우정을 키워갈 수 있을 것인가?

• 현재 그리스도인의 교제에 참석하고 있는가? 그렇지 않다면 참석하지 않는 이유는 무엇인가?

3. 외로움이 극심하고 누구와도 마음을 나눌 수 없다면 당신의 상황을 좀 더 객관적으로 보도록 도와줄 수 있는 상담가나 목회자를 찾아가 보라.

8장 분노의 감정에 지배받지 말라

"그 사람을 생각하면 너무 화가 나요. 그 사람이 나에게 한 모든 일들을 생각하면 정말이지 그가 미워져요. 그 생각만 하면 울컥 화가 치밀죠. 그것이 옳지 않다는 건 알지만 어쩔 수가 없어요." 별거 중인 이 여성의 분노는 손으로 만져질 것처럼 강렬했다.

이혼 절차를 밟고 있는 한 남성은 이렇게 회상했다. "솔직하게 말할게요. 아내와 데이트하는 남자를 본 순간 가장 먼저 든 생각은 둘 다 죽여 버려야겠다는 거였어요."

"내 친구는 이혼하기 전에 자기 남편을 쳐다보지도 않을 만큼 경멸했어요. 그 남편도 내 친구를 쳐다보지 않았죠. 그들은 서로 말을 하지 않았어요. 어떤 관계도 없었고요. 그저 둘 다 너무 화가 나 있었어요"라고 어느 젊은 여성은 말했다.

결혼생활이 위기에 처하거나 별거를 할 때는 주로 한쪽 또는 양쪽 배우자가 사랑의 감정을 잃어버렸을 것이다. 우리는 상처 받았고 부당한 대우를 받았다. 책임은 배우자에게 있고, 우리의 적대적인 감정은 바로 배우자를 향하고 있다. 우리는 반격하여 우리가 당한 만큼 복수하길 원한다.

보통은 두 사람 다 어느 정도 분노를 느낀다. 저마다 상대방이 자신을 고통스럽게 했다고 생각하기 때문이다. 분노는 일반적인 것이지만, 또한 파괴적인 것이기도 하다. 분노는 그 대상을 파멸할 것이나 종종 그 분노를 품은 당사자를 파멸하기도 한다.

분노를 유익하고 건설적인 방법으로 표현할 수 있다면 바람직한 변화로 이어질 수 있을 것이다. 그러나 마음속에서 부글거리게 놔두면 엄청난 파괴를 가져올 수 있다. 악성 종양이 서서히 생명의 조직을 파괴하듯이 드러나지 않은 분노가 죽음을 초래하는 것이다.

분노를 무절제하게 표출하는 것은 주변에 있는 모든 것을 파괴하는 폭발과 같다. 고래고래 악을 쓰고, 소리를 지르고, 길길이 뛰며 발을 구르는 것은 건설적인 목적을 이루는 데 아무 도움도 되지 않는다. 그런 감정 폭발은 정신적인 심장 발작과 같으며 영원한 손상을 초래할 수 있다. 게다가 자녀들이 그 대상이 될 수도 있다.

우리 중 많은 사람이 "분을 내어도 죄를 짓지 말며 해가 지도록 분을 품지 말고 마귀에게 틈을 주지 말라"(엡 4:26-27)는 바울의 말을 잘 알고 있다. 그러나 바울이 "분을 내지 말라!"고 말하지 않았다는 것을 주목하라. 화를 내지 않는 것은 현실적으로 불가능하다. 우리는 모두 자신이 부당한 대우를 받았다고 생각할 때 분노의 감정을 느낀다. 바울은 "분을 내어도 죄를 짓지 말라"고 말한다. 분노의 감정에 사로잡혀 파괴적인 말이나 행동을 하지 말고 그로써 죄를 짓지 말라는 말이다. 화가 나 있을 때에도 우리는 자기 행동에 책임을 져야 한다는 뜻이다.

분노는 악한 행동을 범하기 쉽게 만든다. 자연스럽게 하고 싶은 대로 행동한다면 우리는 분노의 대상을 맹렬히 비난할 것이다. 국내에서 벌어지는 대부분의 살인사건들은 분노하거나 술 취한 상황에서 일어나며, 때로는 둘 다 해당된다. 긴장감이 고조되고, 그로 인해 비극적인 결과가 생기는 것이다.

자신의 아내를 육체적으로 학대한 남편들이 울먹이며 이런 말을 반복하는 것을 들었다. "그럴 마음은 없었어요. 정말이에요." 서로를 언어적으로 학대하는 아내와 남편은 종종 나중에 이렇게 말한다. "제가 한 말들을 후회하고 있어요. 그 말들을 다시 주워 담고 싶어요. 진심은 그렇게 말하려던 게 아니었어요."

올바른 분노

그러면 화가 난 상태에서도 자기 행동에 책임을 지려면 어떻게 해야 할까? 중요한 것은 **분노의 감정에 지배되지 않는 것**이다. 당신의 분노를 당신 자신에게, 하나님께, 친구에게, 상담가에게, 당신의 배우자에게 자백하되, 그 감정에 지배받지 말아야 한다. 다른 사람과 당신의 감정에 대해 이야기할 때 분노가 사라지고 뭔가 건설적인 일을 하게 될 가능성이 더 커진다.

바울은 또한 우리에게 분노가 오랫동안 머물게 하지 말라고 경고한다. 잠깐 동안 분노가 무대 중앙에 등장할 수는 있지만 그것이 당신의 인생 드라마를 방해하게 해서는 안 된다.

그러므로 분노를 없애는 가장 좋은 방법은 그것을 자백하는 것이다. 그리고 당신이 할 수 있는 최악의 일은 분노를 억누르는 것이다. 마음속에 분노를 담아두고 스스로 화가 나지 않았다고 말할 때 거대한 화산 폭발을 위한 장을 마련하고 있는 것이다.

분노를 억압하는 것은 자신의 영혼에 원망이 스며들게 하는 것이다. 분노를 오랫동안 마음에 품고 있으면 그것이 고정된 사고방식과 감정이 된다. 어떻게 하면 배우자에게 상처를 줄 수 있을지만 줄기차게 생각하게 되는 것이다.

당신은 과거에 실패한 일들을 마음속으로 계속 반복 재생한다. 그때마다 당신은 마치 그 일이 지금 막 일어난 것처럼 상처와 고통, 분노를 느낀다. 몇 번이고 같은 질문을 하고 같은 대답을 듣는다. 마음속에 있는 다른 모든 생각을 밀어낼 때까지 계속 반복해서 듣는다. 분노는 원망으로 변해 가고, 이제 당신은 증오의 악성 종양으로 가득해졌다. 당신은 배우자가 당신의 인생을 불행하게 만들었다고 말하지만 사실은 당신이 분노와 함께하기를 선택한 것이다. 누구든지 분노를 품으면 원망과 미움에 물들게 되어 있다.

당신의 분노가 원망으로 변했다면 상담가나 목회자의 도움이 필요할 것이다. 그들은 감염된 균을 제거하도록 도와주고 하나님의 용서라는 치유의 물가로 당신을 인도해 줄 것이다. 물론 당신은 분노할 권리가 있다. 그러나 하나님의 피조물인 당신 자신을 파괴할 권한은 없다.

분노를 느끼는 것은 피할 수 없지만, 원망은 날마다 당신이 마음속에 분노가 살아 있게 선택한 결과다. 따라서 성경은 "너희는 모든 악독과 노함과 분 냄과 떠드는 것과 비방하는 것을 모든 악의와 함께 버리라"(엡 4:31)고 말한다. 우리는 원망이 죄임을 인정하고 하나님께 용서받아야 한다.

한 번 고백하는 것만으로 모든 적대적인 감정이 완화되지는 않는다는 것을 기억하라. 원망이 오랫동안 쌓여왔다면 그러한 태도에 수반되는 감정들도 서서히 사라질 것이다. 분노와 원망의 생각과 감정이 다시 살아날 때 당신은 어떻게 하는가? 그러한 생각과 감정을 하나님께 고백하고 용서하겠다는 서약을 확고히 하라. 이렇게 기도하는 것이 적절할 것이다. "아버지, 당신은 제 생각과 감정을 아십니다. 하지만 더 이상 배우자의 실수에 초점을 두지 않을 것입니다. 그러한 당신의 도우심에 감사드립니다. 이제 당신의 사랑의 도구가 되기 위해 나아갈 때 저를 도와주시옵소서." 분한 마음을 품고 있지 말아야 한다. 당신이 사랑을 실천할 때 분노와 억울한 생각과 감정이 조금씩 덜 나타날 것이다.

일단 원망에서 벗어나면 이제는 "서로 친절하게 하며 불쌍히 여기며 서로 용서하기를 하나님이 그리스도 안에서 너희를 용서하심과 같이 하라 그러므로 사랑을 받는 자녀같이 너희는 하나님을 본받는 자가 되라"(엡 4:32-5:1)는 도전을 받는다. 우리의 악독을 인정하고 하나님의 용서를 받아들이는 데서 멈추지 말아야 한다. 우리는 우리의 분노와 배우자를 하나님께 맡기고 그분이 미움 대신 사랑으로 우리를 가득 채워주시길 기도해야 한다. 하나님은 우리가 분노에서 벗어나는 데 관심이 있으실 뿐만 아니라 앞에서 말한 대로 사랑과 친절을 베푸는 자들이 되기를 원하신다.

이것은 성경의 놀라운 메시지다. 하나님은 우리가 부정적인 감정의 노예가 되는 것을 원치 않으신다. 우리가 하나님과 사랑의 관계를 맺어 그 사랑이 다른 사람들과의 관계에까지 흘러가기를 원하신다. 분노는 우리의 관계 속에서 갈등의 영역에 초점을 둔다. 우리는 그 갈등을 해결하기 위해 노력해야 한다. 배우자가 그 갈등을 다루는 데 도움이 되지 않는다 해도 분노의 희생자가 되지 말아야 한다. 분노가 우리 삶 속에 들어오는 것을 허용할 수는 있으나 그것이 삶 안에 살게 해서는 안 된다.

보복의 위험

무절제한 원망은 보복을 낳는다. "복수심"에 굴복할 때 우리는 성경의 분명한 가르침을 어기는 것이다. 바울은 이렇게 말한다. "아무에게도 악을 악으로 갚지 말고 …… 너희가 친히 원수를 갚지 말고 하나님의 진노하심에 맡기라"(롬 12:17, 19).

배우자가 당신에게 큰 잘못을 저질렀을지도 모른다. 그러나 그의 죄를 처벌하는 것은 당신이 할 일이 아니다. 그는 자신의 죄를 가지고 하나님과 대면해야 한다. 하나님은 의로운 재판관이시다.

또다시 바울은 데살로니가 성도에게 말한다. "삼가 누가 누구에게든지 악으로 악을 갚지 말게 하고 서로 대하든지 모든 사람을 대하든지 항상 선을 따르라"(살전 5:15). 여기서 강조점은 보복하는 것이 아니라 당신의 배우자를 위해 선한 것을 구하는 데 있다. 그의 선을 구하는 것은 그의 죄를 눈감아주는 것과 다르다. 이미 말했듯이 배우자가 계속 무책임하고 죄악 된 삶을 살게 하는 것은 선한 일이 아니다. 당신은 분노의 협박이 아니라 신중한 충고로 배우자의 선을 추구해야 한다.

분노와 원망은 종종 파괴적인 언어의 폭발로 나타난다. 그러나 언어적인 보복은 어떠한 건설적인 목적도 달성하지 못한다. 차라리 우리가 화가 났고 따라서 문제를 긍정적으로 논할 수 없다는 것을 솔직히 말하고 감정을 다스릴 수 있을 때까지 기다리는 것이 낫다. 문제를 논의하고 갈등을 해결해야 하지만, 분노의 열기 속에서는 어떠한 해답도 발견하지 못할 것이다.

분노를 느끼는 것에 대해 자신을 정죄하지 말라. 그 감정은 당신이 인간임을 나타내는 것이다. 당신은 자신이 중요하다고 생각하는 것에 깊은 감명을 받을 수 있다. 그것은 좋은 것이다! 그 관심이 당신을 건설적인 행동으로 이끌어가게 하라. 분노의 종이 되어 상황을 더 나쁘게 만드는 일을 하지 말라. 하나님과 친구에게 당신이 느끼는 분노의 감정을 솔직히 털어놓고 그 상황에서 독창적이고 유익한 방향으로 대처할 수 있도록 도움을 청하라.

성·장·과·제

1. 당신의 분노를 글로 표현해 보라. 당신의 감정을 표현하려고 할 때 하나님의 인도하심을 구하라. "나는 …… 때문에 화가 난다"는 말로 시작하면 좋다.

2. 당신이 쓴 글을 함께 나누고 객관적으로 봐줄 수 있는 친구를 생각해 보라. 그 친구에게 당신이 쓴 글을 들어달라고 하고, 그 문제를 건설적으로 다룰 수 있는 방법들을 찾을 수 있게 도와달라고 하라.

3. 당신은 분노가 원망으로 발전하도록 허용해 왔는가? 그렇다면 그것을 죄로 고백하고 하나님께 용서를 구하겠는가?

4. 그리스도를 당신의 삶 속으로 초청한 적이 없다면 당신의 죄를 고백할 때 그분께 당신 삶 속에 들어와 당신의 현재 문제들을 해결할 능력을 달라고 간구하는 것이 어떻겠는가?

5. 분노를 다루는 데 더 많은 도움을 얻기 원한다면 나의 책 『분노: 강력한 감정을 건강한 방법으로 다루기』(Anger : Handling a Powerful Emotion in a Healthy Way)를 참고하라.

4부

위기 이후 화해와 이혼

9장   화해를 위한 실제 지침

사람들은 때때로 배우자에게 이렇게 말한다. "난 당신이 행복하길 원해. 떠나는 것이 당신을 행복하게 해준다면 떠나도 돼. 마음이 아프겠지만, 난 당신이 행복하길 원하니까." 겉으로는 정말 사랑이 담긴 헌신적인 말처럼 들린다. 그러나 현실은 그렇지 않다. 사랑은 배우자의 유익을 구하는 것이다.

서로 다른 점들이 조화를 이루고 사랑을 재발견하기 위해 노력하는 것보다 차라리 헤어져서 자신의 행복을 추구하는 것이 쉬워 보일 것이다. 특히 사랑의 감정이 다 없어졌을 때는 헤어지는 것보다 함께 있는 것이 훨씬 힘들지도 모른다. 그리스도인의 소명은 쉬운 길이 아니라 옳은 길로 가는 것이다. 장담하건대,

옳은 길은 화해의 고통을 겪은 후에 행복과 사랑으로 인도하는 길이다.

배우자에게 돌아가 화해를 위해 노력하기로 결단하는 것은 믿음의 발걸음을 한 발짝 내딛는 것이다. 그러나 그것은 맹목적인 믿음이 아니다. 하나님의 조언에 근거한 믿음이다. 당신은 감정적인 사랑의 온기가 돌아오는 것을 볼 수 없을지도 모른다. 불화가 해결되는 것도 볼 수 없다. 당신이 결혼생활에서 바라는 친밀감도 보이지 않는다. 그러므로 보이는 것이 아니라 믿음으로 첫걸음을 내딛어야 한다. 하나님과 손을 맞잡고 그분의 지혜를 신뢰하며 함께 걸어야 한다. 당신은 오직 믿음의 눈으로만 볼 수 있는 것을 보게 될 것이다.

화해는 선택을 요구한다. 그것은 한동안 별거 상태로 지냈지만 결국 이혼에 이르지 않기로 선택하는 것이다. 당신의 결혼서약을 다시 확인하고 하나님이 결혼 제도를 만드실 때 염두에 두신 친밀감과 만족감을 발견하기 위해 적극적으로 노력하는 것이다. 그것은 당신이 별거 중이던 관계로 돌아가지 않고 훨씬 의미 있는 관계를 세우기 위해 노력하기로 선택하는 것이다.

화해를 위한 선택은 우리 시대에 인기가 없다. 수많은 목소리가 당신에게 배우자로부터 "자유로운" 인생의 행복을 누리라고 유혹할 것이다. 다른 사람들은 자기들과 함께 책임 없는 성관계를 즐기자고 할 것이다. 당신은 갈림길에 서 있다. 결정은 당신이 해야 한다.

시인 로버트 프로스트의 말을 달리 표현하면, 화해는 분명 "사람들이 잘 가지 않는"[1] 길이지만 그 길은 중요한 변화를 가져올 것이다.

잘 가지 않는 길

당신이 화해를 선택했다고 가정하자. 또는 다시 한 번 당신의 결혼생활을 위해 함께 노력하기로 했다고 하자. 나는 당신과 함께 "잘 가지 않는" 그 길을 걷겠다. 먼저 또 한 걸음을 내딛기 전에 하나님께 당신의 결정을 말씀드리지 않겠는가? 물론 하나님은 당신의 마음을 아시기 때문에 이미 당신의 결정을 알고 계시지만, 하나님도 한 인격이시며 당신의 음성을 듣기 원하신다. 그런 대화에 익숙하지 않다면 큰소리로 기도하는 것이 어색하게 느껴질 수 있지만 일단 시작해 보라. 당신의 기분이 어떤지, 어떤 삶을 살아왔는지, 무엇을 했는지 하나님께 말씀드리라. 당신의 잘못을 고백하고 용서를 구하라. 배우자와 화해하겠다는 당신의 결심을 말씀드리고 그분께 도움을 구하라(명심하라. 하나님은 당신의 배우자에게 응답을 강요하지 않을 것이나 당신이 사랑으로 노력할 수 있게 해주실 것이다). 당신을 하나님이 원하시는 사람으로 변화시켜달라고 기도하라. 화해를 향한 길을 걸을 때 당신을 인도해 달라고 기도하라.

하나님의 용서와 도움을 확신한다면 이제 당신의 결혼생활을 다시 세우는 힘든 일에 배우자가 동참하기를 원할 것이다. 배우자를 저녁식사에 초대하거나 같이 외식을 하자고 제안할 수 있을 것이다. 상대방이 꺼려한다면 매우 중요한 일을 함께 의논하고 싶다고 말하라. 지금 당신과 함께 저녁식사를 할 수 없다면 일주일쯤 지나서 둘이 만날 수 있는지 물어보라. 배우자를 압박하지는 말라. 상대방이 반응을 보이도록 하나님이 재촉하시고 격려하시고 동기를 부여하시길 기도하면서 그 주간을 보내라.

인내하라. 끈기를 가지라. 당신의 끈기와 인내가 결국은 당신의 진지함을 보여줄 것이다. 마침내 당신이 화해를 위해 노력하겠다는 결심을 이야기할 때 상대방은 그 말을 더 진지하게 받아들일 것이다. 어쩌면 하나님이 그 중간 시간을 이용해서 배우자가 당신의 말을 받아들이도록 준비시키실지도 모른다.

저녁식사를 하는 동안이나 식사 후에 배우자에게 당신이 결혼생활에 대해 많이 생각하고 기도해 왔다는 것을 이야기하라. 당신 자신을 좀 더 온전히 이해하게 되었고 당신의 많은 행동이 감정과 태도에 지배받아왔다는 것을 이야기하라. 당신이 감정의 노예가 될 필요가 없고 태도는 바뀔 수 있다는 것을 알게 되었다고 말하라. 당신은 여러 면에서 실패했음을 인정하고, 그 잘못들에 대해 용서를 구하라.

당신이 한 책을 읽었는데 그 책이 당신의 생각을 자극하고 결혼생활의 회복을 위해 노력하고 싶다는 결론을 내리도록 도와주었다고 말하라. 당신은 이렇게 말할지도 모른다. "당신이 도와주지 않는다면 이 일은 할 수 없을 거예요. 당신이 내키지 않는다 해도 이해해요. 지난 일들을 생각하면 다시 해보고 싶은 마음이 생기지 않겠죠. 그렇지만 우리가 이전에 시도한 일들을 반복하고 싶진 않아요. 지금까지 한 것보다 훨씬 의미 있는 일을 해보고 싶어요. 자신을 이해하고 서로를 이해하기 위해 필요한 일이라면 뭐든 하고 싶어요. 많은 노력이 필요할 테고 힘들 수도 있지만, 필요하다면 난 뭐든 할 거예요."

당장 대답을 기대하는 것은 아니라고 말하라. 당신은 배우자가 그것에 대해 생각하고 기도하길 원할 것이다. 그에게 이 책을 주고 읽어보라고 권하고 싶을지도 모른다. 이 책을 읽으면 아마 당신이 생각해 온 것들과 화해를 위해 노력하기로 결심한 것을 이해하게 될 거라고 말하라. 배우자에게 충분히 생각하고, 책을 읽고, 기도하는 시간을 가진 후에 더 이야기를 나누자고 제안하라.

그런 만남 후, 바로 모든 문제가 해결될 거라고 기대하지 말

라. 당신은 단지 "잘 가지 않는" 길로 첫 걸음을 내딛었을 뿐이다. 이제 어디로 갈 것인가?

둘 다 화해할 마음이 있을 때

10장에서는 배우자가 화해를 위해 노력할 마음이 없을 때 당신이 무엇을 해야 하는지를 논할 것이다. 이 장에서는 당신의 배우자가 긍정적인 반응을 보일 거라고 가정하자. 그 사람도 당신만큼, 처음 결혼할 때 품은 꿈을 되찾기 위해 노력할 마음이 있다. 그러면 당장 같은 집으로 다시 들어가야 할까? 아마 그렇지 않을 것이다. 당신의 목적은 "다시 합치는 것"이 아님을 명심하라. 목적은 당신의 결혼생활을 다시 살리는 것이다. 당신들을 이 위기에 이르게 한 갈등, 좌절, 오해, 충족되지 않은 욕구를 잘 살피고 해결해야 한다.

대부분의 부부는 화해 과정에서 목사나 결혼생활 상담가의 도움이 필요할 것이다. 당신은 감정을 건설적으로 표현하는 기술을 연마해야 한다. 배우자의 생각과 감정을 이해하고 헤아릴 줄 알아야 한다. 서로의 감정적, 육체적 욕구를 충족시켜줄 방법을 찾아야 한다. 결혼생활 상담가와 많은 목회자는 당신이 그런 기술을 연마하도록 도와줄 수 있는 숙련된 사람들이다.

당신이 교회에 다니고 있다면 목회자를 찾아가 화해를 위해 노력하겠다는 결심을 이야기하라. 그리고 시간을 내어 서로 공감할 수 있는 독창적인 방법을 배우도록 도와줄 수 있는지, 또는 그렇게 도움을 줄 수 있는 사람을 추천해 줄 수 있는지 물어보라. 모든 사역자가 결혼생활 상담에 능숙하지는 않지만, 대부분은 직접 도와줄 수 없더라도 당신이 도움을 받게 해줄 수 있을 것이다. 목사나 상담가를 만나 당신의 소통 기술을 향상시킨다면 관계 속에서 자유를 느끼기 시작할 것이다. 서로를 좀 더 이해하는 것을 느끼게 될 것이다. 갈등이 해결되지 않았던 문제들을 합의하기 시작할 것이다. 어떤 문제에 동의하지 않을 자유를 주면서도 서로 친절하게 대하며 사랑을 베풀 것이다.

육체적으로 서로 떨어져 있었다면, 그런 성장이 이루어지는 것을 보기 시작할 때 언제 같은 집으로 다시 들어가야 할지 의논하고 결정하기 원할 것이다. 정해진 규칙은 없다. 어떤 부부는 3회나 4회 정도 상담가나 목사와 만난 뒤 바로 다시 합칠 준비가 되어 있을 것이다. 어떤 이들은 12회 이상 만나야 할 것이다. 다시 합쳤을 때에도 상담가와 만남을 중단하지 말라. 그때가 중요한 시기다. 아마 몇 가지 압력이 더해질 것이고, 당신은 그 기간 동안 솔직한 사랑의 대화에 집중해야 할 것이다. 해결되지 않은 갈등을 충분히 다루었고 의견 충돌을 다루는 기술을 연마했다고 느낄 때까지 계속 상담을 이어가라. 당신이 배우는 소통 기술들은 남은 평생 동안 매우 요긴하게 쓰일 것이다. 위기가 끝났다고 해서 그것들을 소홀히 해선 안 된다.

어떤 부부들은 숙련된 상담가에게 도움을 받을 수 없을 것이다. 다행히 다른 곳에서는 도움을 받을 수 있다. 훌륭한 책과 인터넷 자료, 팟캐스트, 거의 누구나 참석할 수 있는 컨퍼런스가 얼마든지 있다. 내 책 『행복한 결혼생활을 위한 9가지 포인트』는 부부들이 결혼생활에 적응해야 하는 기본 영역들을 잘 이해하고 긍정적인 삶의 원리들을 발견하도록 돕기 위해 쓴 것이다. 각 장 끝에는 소통과 이해를 돕는 실천 연습이 있다. 나는 부부가 매주 한 장씩 읽고 개별적으로 과제를 수행한 다음 서로 그 과제를 토의할 것을 권한다. 별거 중인 많은 부부와 위기에 처한 부부들이 결혼생활을 재건하는 과정에서 그 책에 매우 큰 도움을 받고 있다.

결혼생활에서 감정적인 사랑을 회복하기 위해 나는 『5가지 사랑의 언어』(생명의말씀사)[2]를 강력 추천한다. 그 책은 배우자의 주요 사랑의 언어를 알 수 있게 도와준다. 서로 상대방의 사랑의 언어로 말할 때 사랑의 온기가 돌아온다. 우리는 다른 사람의 사랑의 언어를 사용하여 사랑과 관심을 전달한다. 또한 서로의 "사랑의 탱크"를 채워주는 법을 알 수 있으며, 그것이 우리의 갈등을 해결하고 다시 친구가 되기 위한 분위기를 조성해 준다.

많은 교회가 교육 프로그램의 일환으로 결혼생활에 대한 워크샵과 세미나를 지원한다. 당신의 교회에서 참여할 수 있는 프로그램이 있는지 문의해 보라. 또한 그리스도인 친구들과 서로 자신의 교회에 유익한 프로그램이 있는지 이야기를 나눠보라. 결혼생활을 다시 세우고자 할 때 가까운 교회에서 당신에게 도움이 될 프로그램을 찾을 수도 있을 것이다.

책을 읽거나 팟캐스트 강의를 들을 때는 거기에 나타난 생각뿐 아니라 그들이 권장하는 소통도 매우 중요하다. 부부들은 강의를 들으면서 메모하고, 책을 읽으면서 밑줄을 긋기도 하며, 서로 인상 깊은 부분을 나누어야 한다. 서로 대화를 나눌 때 배우자의 말과 감정을 이해하려고 노력하라. "그러니까 ……라는 말이지?"라는 식으로 확인하는 질문을 하라. 당신이 생각하는 배우자의 말을 반복해서 말하고 그에게 확인할 기회를 주라. 상대방의 생각에 동의하지 않더라도 사랑을 표현하라. 명심하라. 대화를 나누는 목적은 배우자를 이해하고, 필요를 발견하고, 당신이 어떻게 그 필요들을 채우도록 도와줄 수 있는지 알아내는 것이다. 남편과 아내가 서로를 만족시키는 데 집중한다면 머지않아 당신의 결혼생활은 예전에 꿈꾸던 것보다 더 좋아질 것이다.

상담이나 독서, 듣기, 워크샵 참석 등을 통해 이룬 성장 패턴은 영원히 관계의 한 부분이 되어야 한다. 결혼생활은 정적인 것이 아니다. 그것은 성장하거나 쇠퇴하거나 둘 중 하나다. 당신은 성장을 자극하는 일들을 계속 해야 한다. 궁극적인 목표는 "완전한" 결혼생활이 아니라 "성장하는" 결혼생활이다. 완전한 것은 딱히 규정하기도 어렵지만, 우리가 완전함에 도달한다 해도 일시적일 뿐이다. 성장은 오늘, 그리고 날마다 도달할 수 있는 것이다. 당신이 성장하고 있다면 희망과 기쁨, 성취감을 느낄 것이다. 그러한 성장은 당신이 살아 있는 한 계속되어야 한다. 그럴 때 당신의 결혼생활은 늘 활기가 넘칠 것이다.

부부관계가 당신의 인생에서 가장 중요한 것이 되게 하라. 각자 생각 속에서 서로를 가장 우선시하라. 하나님이 관계의 중심에 계시게 하라. 날마다 서로를 향한 사랑을 표현하기 위해 무언가를 하라. 배우자의 약점은 최소화하고 강점을 크게 보라. 상대방이 잘한 일들을 자랑하고 크게 칭찬하면 그 사람이 더 탁월해질 것이다. 당신이 사랑하면 사랑을 받을 것이다. 모든 인간관계의 황금률을 결혼생활에 적용하라. "그러므로 무엇이든지 남에게 대집을 받고자 하는 대로 너희도 남을 대접하라"(마 7:12).

성·장·과·제

1. 하나님을 비롯하여 누구도 당신에게 결혼생활을 위해 노력하라고 강요하지 않는다. 그것은 오로지 당신만이 할 수 있는 결정이다. 그러나 당신이 결심한다면 하나님께 모든 도움을 받을 수 있다. 이미 이혼을 경험한 많은 사람을 보고 그들과 이야기를 나눠보았을 것이다. 그렇다면 이제 좋은 결혼생활을 하고 있는 부부를 찾아서 비결을 물어보겠는가? 몇몇 부부를 인터뷰하며 그들이 성취감을 얻기까지 극복해 온 문제가 어떤 것들인지 물어볼 수도 있을 것이다.

2. 당신이 "잘 가지 않는" 길을 가기로 결정한다면 아래 체크리스트를 사용하기 바란다.

우리가 취한 행동	날짜
화해를 위해 노력하기로 결심했다.	_____
나의 결정을 하나님께 이야기하고 도움을 구했다.	_____
배우자에게 저녁 데이트를 신청했다.	_____
배우자가 초대를 받아들였다.	_____
내 결심을 배우자에게 이야기했다.	_____
배우자도 화해를 위해 노력하기로 했다.	_____
목사나 상담가와 만나기로 했다.	_____
상담가가 내준 과제를 했다.	_____
추가 상담을 받았다.	_____
추가된 소통 과제를 완수했다.	_____
추가 상담을 받았다.	_____
추가된 소통 과제를 완수했다.	_____

우리가 읽고 토론한 책들

1. _____
2. _____
3. _____
4. _____
5. _____

우리가 듣고 서로 이야기를 나눈 결혼생활 관련 팟캐스트나 DVD 목록

1. _____
2. _____
3. _____
4. _____
5. _____

우리가 참석한 결혼생활 워크샵, 세미나, 강의 목록

1. _____
2. _____
3. _____
4. _____
5. _____

10장 그럼에도 이혼할 수밖에 없을 때

늘 화해가 가능한 것은 아니다. 당신이 최선을 다해 노력해도 냉담하고 적대적인 반응이 돌아와 결국 실패할 수도 있다. 하나님도 늘 자신의 백성과 화해하실 수 있었던 것은 아니다. "내게 배역한 이스라엘이 간음을 행하였으므로 내가 그를 내쫓고 그에게 이혼서까지 주었으되"(렘 3:8). 화해가 항상 가능하지 않은 이유는 양쪽 다 응해야 하고 누구도 상대방을 강제로 돌아오게 할 수 없기 때문이다.

인간의 자유는 실제적이다. 하나님은 이스라엘 백성을 강제로 돌이키지 않으셨다. 그들의 원수들이 승리하게 하셔서 그 나라에 압력을 가하셨다. 축복의 손을 거두신 것이다. 그러나 강제로 돌아오게 하지는 않으셨다. 하나님은 절대로 인간의 선택의 자유를 없애지 않으실 것이다. 우리는 기도할 때 그것을 명심해야 한다. 별거한 많은 그리스도인이 하나님께 "제 배우자가 돌아오게 해주세요"라고 기도하고 간구해 왔다. 그러나 배우자가 돌아오지 않으면, 그 그리스도인은 실망하여 하나님이 기도를 들어주지 않으신다고 결론을 내린다. 많은 사람이 하나님을 향해 적대감을 갖고 교회와 기독교를 비판하게 되었다. 그래서 진정한 도움을 받을 수 있는 유일한 원천을 버렸다. 그러나 하나님은 당신의 배우자를 강제로 돌아오게 하지 않으실 것이다. 당신의 기도에 대한 응답으로 하나님이 배우자에게 화해를 추구하도록 압력을 가하실 것이나, 당신의 배우자는 여전히 하나님의 인도하심과 당신의 최선의 노력에 저항할 수 있다.

실패할 가능성이 있다고 해서 시도하지 말아야 하는가? 성경의 모든 가르침은 무력한 태도와 반대된다. 하나님은 절대로 자신의 백성을 포기하지 않으시며, 역사는 진정한 영적 회복의 예들로 가득하다. 결혼생활의 회복은 실패의 위험을 감수할 만큼 가치가 있다.

무엇보다 당신의 태도가 중요하다. "난 실패할거야"라고 말하시 말고 "난 성공할거야!"라고 말하라. 결혼생활의 회복보다 가치 있는 목표는 없다. 별거하기 전의 상태가 아니라 당신이 결혼할 때 꿈꾸던 그 모습을 발견할 수 있다면 당신이 노력한 보람이 있을 것이다. 내가 제안하는 일들을 진심으로, 꾸준히, 사랑하는 마음으로 시도한 사람이 자신의 노력을 후회하는 것은 본 적이 없다. 내가 만난 수많은 사람이 성공하여 지금은 행복하게 배우자에게 돌아가 함께 성장하고 있다.

이 책 전반에 걸쳐 나는 당신이 배우자의 반응을 통제할 수 없다는 것을 보여주어 현실적으로 이야기하려고 노력해 왔다. 당신은 자신의 마음을 지키는 자이고 당신의 말과 행동에 책임이 있다. 나는 성경이 말하는 이상적인 모습이 화해를 추구하도록 요구한다는 것을 보여주었다. 당신은 하나님 앞에서 그 이상을 기꺼이 추구하거나 아니면 거부해야 한다. 당신의 배우자도 같은 책임이 있다. 당신이 화해를 선택한다고 해서 배우자도 그렇게 하리란 보장은 없다. 그에게도 선택할 자유가 있다.

이혼에 이의를 제기해야 하는가

배우자가 이혼을 요구한다면 그런 행동에 이의를 제기한다고 해서 득이 될 것은 거의 없다. 한때 대부분의 주에서 이혼을 승인하기 전에 화해를 위해 노력했다는 증거를 요구한 적이 있다. 지금은 그렇지 않다. 많은 상담가가 화해를 위한 노력을 강요하는 것은 거의 도움이 되지 않는다는 데 동의한다. 삶의 조화를 이루기 위해 필요한 것은 강압이 아니라 선택이기 때문이다. 대부분의 주에서 시행되는 이혼법은 매우 진보적이며 이혼에 이의를 제기하려는 시도는 결국 비싼 변호사 비용만 치를 뿐이다.

이혼에 이의를 제기하는 것은 단순히 법적 절차로, 한쪽 편에서 자신에게 이혼 사유가 없다는 것을 상대방에게 입증하려는 것이다. 그것은 해당 주의 법이 정신 이상, 간음, 가정을 버렸을 때에만 이혼을 허락할 경우에 적합하다. 그러나 오늘날은 사실상 모든 주에 무과실 이혼법(한쪽 배우자가 잘못을 저지르지 않아도 쉽게 갈라설 수 있게 만든 제도_옮긴이)이 있기 때문에 그런 행동은 기껏해야 진행 속도를 조금 늦출 뿐이다. 당신은 시간을 요구할 수도 있고 일부 주에서는 이혼 전에 몇 달 간 별거를 요구하기도 하지만 이혼을 무산시키려는 노력은 소용이 없다.

배우자가 이혼을 요구할 때 당신은 그 요구를 따르는 것 말고는 선택의 여지가 거의 없다는 것이 부당하게 들릴지도 모르지만, 인간관계라는 것이 본래 그렇다. 우리는 누구에게도 우리의 친구가 되어달라고 강요할 수 없다. 우정은 두 사람이 서로 선택하는 것이다. 한 사람이 친구 관계를 끝내기로 선택한다면 다른 한 사람이 그 관계를 유지할 수는 없다. 결혼생활은 모든 친구 관계 가운데 가장 친밀한 관계이며, 또한 상호간의 행동을 요구한다.

당신은 화해를 강요할 수 없다. 화해라는 것은 본질상 두 사람이 필요하기 때문이다. 그러나 말 그대로 "분열"을 의미하는 이혼은 한 사람의 행동만으로도 성사된다. 한 사람은 결합을 원하고 다른 한 사람은 분리를 원한다면 분리를 원하는 쪽이 이긴다. 그 사람이 묵인하지 않으면 결합할 수 없기 때문이다.

변호사가 필요한가

이혼은 감정적, 육체적 관계뿐 아니라 합법적인 계약도 끊어버린다. 각 주마다 부부간의 계약 해지와 관련된 법과 규제가 있다. 대부분의 경우 그 과정에서 법을 설명하고 안내해 줄 변호사가 필요할 것이다. 1969년 캘리포니아에서는 자녀가 없고 부동산 소유가 없으며 개인 자산 5,000달러 이하에 채무가 2,000달러 이하인 부부에게 변호사와 법정 절차 없이 이혼할 수 있게 해주었다. 이혼 절차가 간소화되어 법정 수수료로 40-50달러만 내면 되었다. 47개의 다른 주도 그 후 20년 동안 캘리포니아의 선례를 따랐다.[1] 그런 무과실 이혼법은 앞으로 두 사람이 스스로 일을 해서 생계를 꾸린다는 가정 아래 남편과 아내에게 똑같이 재산을 분배한다.

그런데 시간이 지나면서 무과실 이혼법이 여자와 아이들에게 불공평한 것으로 드러났다. 80년대 후반에 캘리포니아는 이런 불공평을 개선하기 위해 법을 수정하였고, 다른 주들도 비슷하게 수정했거나 수정하고 있다. 지금은 대부분의 주에서 재산 분할, 자녀 양육, 이혼 수당을 고려하는 데 과실이 한 가지 요인이 될 수 있다. 주마다 법이 다르기 때문에 대부분의 부부들은 이혼의 법적 측면에서 도움을 줄 변호사가 필요할 것이다.

배우자 각각의 변호사가 필요한가? 배우자가 당신과 이혼 수속중이라면 배우자측 변호사는 그 사람의 이익을 대변할 것이다. 당신이 재정, 재산, 자녀 관련 문제에서 합의하기 어려운 부분이 있다면 당신의 이익을 대변해 줄 변호사가 틀림없이 필요할 것이다. 당신과 배우자가 공평하게 합의할 수 있다면 한 변호사가 두 사람을 대변할 수도 있다. 그러나 변호사에 대한 합의를 하기 전에 먼저 공립 도서관에 가서 이혼의 법적인 측면에 관한 여러 책과 자료를 살펴보아야 한다. 이혼 경험이 있는 몇몇 친구와 의논할 수도 있다. 그럴 경우 공평한 합의에 관해 좀 더 실제적인 조언을 들을 수 있을 것이다.

더러는 우리의 감정이 만족스러운 합의에 이르는 것을 방해한다. 이혼 전문 변호사 앤 다이아몬드는 감정이 공정한 합의에 영향을 끼치는 상황을 다음과 같이 나열했다.

- 버림받은 배우자, 즉 궁극적인 이별을 받아들일 수 없는 배우자는 어떻게든 화해할 수 있지 않을까 싶어서 상대방의 요구를 거의 다 들어주려 할 것이다.
- 남편이 중요한 결정을 다 하는 상황에 익숙한 여자는 남편이 이미 자신을 버렸고 더 이상 자신을 보호해 주지 않는데도 계속 남편의 조언에 의존하려 할 것이다.
- 참을성이 있고 수동적인 사람은 과거에 벌어진 모든 불행한 사건을 청산하는 데 원인이 누구에게 있든 간에 배상을 요구할 때가 자주 있다.
- 갑작스럽게 이혼하게 된 경우, 버림받은 배우자는 큰 충격에 빠져 미래의 경제적 필요를 현실적으로 계산하지 못할 때가 있다. 보통 여성이 그런 경우가 많다.
- 이혼을 원하는 배우자는 죄책감을 느낀 나머지 재산 분할에 지나치게 관대하거나 너무 높은 위자료를 지급하거나 낮은 위자료를 받는 데 동의하여 배상해 주려 할 것이다. 그런데 그 후 분한 마음이 오랫동안 계속 남아 있으면 두 사람에게 더 큰 문제를 초래할 수 있다.
- 버림받은 배우자는 너무 낙심하여 더 이상 압박감을 견디지 못한다. 그래서 단지 문제를 빨리 마무리 짓기 위해 어떤 재정적 합의에도 동의할 것이다.

- 어떤 사람은 이혼을 요구하는 배우자에게 벌을 주거나 앙갚음하기 위해 자녀들을 이용하려 할 것이다.[2]

당신은 자세한 합의 사항들에 대한 결정을 내리기 위해 법적인 도움뿐 아니라 감정적인 도움도 필요할 것이다. 그리스도인으로서 당신은 합의를 배우자의 징벌 수단으로 사용하는 걸 원치 않을 것이다. 다른 한편으로, 당신은 자신의 필요를 현실적으로 생각해야 하며 자녀가 있는 경우 그들에게 가장 좋은 것이 무엇인지 잘 판단해야 한다.

자녀는 어떻게 해야 하는가

자녀에게 당신이 별거하고 있고 곧 이혼할 거라는 사실을 솔직히 말해 주라. 거짓말로 자녀를 보호하려 하지 말라. 결국은 자녀도 사실을 알게 될 것이고, 당신이 거짓말을 할 경우 당신에 대한 아이들의 신뢰가 떨어질 것이다. 간단하게, 되도록 수식어 없이 당신의 결혼생활에 일어난 일을 자녀에게 이야기해 주라. 이상적인 것은 두 배우자가 함께 자녀와 대화를 나누고 이혼하기로 결정했다는 사실을 말해 주는 것이다. 당신이 아이들을 사랑한다는 것을 확신시켜주고 그들 때문에 이혼하는 것이 아님을 말해 주라. 배우자가 당신과 함께 아이들과 이야기하는 것을 원치 않는다면 당신 혼자 대화하고 나중에 배우자도 아이들과 대화를 나눌 거라고 믿어야 한다.

가장 중요한 것은 아이가 당신의 사랑을 느끼는 것이다. 사랑하고 사랑받는 것에 대한 욕구는 인간의 감정에서 가장 강한 것이다. 어린 시절에는 사랑받는 것에 대한 욕구가 아이의 안정감과 직접 관련된다. 사랑이 없으면 아이는 감정적으로 불안정할 것이다. 단지 당신이 자녀에게 "사랑한다"고 말한다고 해서 그 아이가 사랑을 느낄 거라고 단정 짓지 말라. 신약성경은 우리에게 말로만이 아니라 행동으로 사랑하라고 말한다(요일 3:18). 어떻게 하면 당신의 자녀가 사랑받는다고 느낄지 생각해 보라. 어떤 아이들은 곁에 앉아서 다정히 대화를 나눌 때, 또 어떤 아이들은 그들을 위해 특별한 일을 해줄 때 사랑을 느낄 것이다. 당신이 뜻밖의 선물을 줄 때 사랑을 느끼는 아이들이 있는가 하면(그것이 부모를 이용하는 수단이 될 수도 있지만) 육체적으로 꼭 안아줄 때 반응하는 아이들도 있다. 물론 당신이 자주 "사랑해"라고 말해 주길 원할 것이다.[3]

양쪽 부모 모두 자녀가 이해할 수 있게 사랑을 표현해야 한다. 그러나 한 부모가 사랑을 표현하지 않는다면, 다른 부모가 아무리 대신 설명하며 사랑에 대한 확신을 심어주려 해도 소용이 없다. 아이에게는 말보다 행동이 효과적이다. 다른 사람의 말이 유일한 증거인 사랑은 값싼 사랑이다.

아이가 어머니에게 "아빠는 날 더 이상 사랑하지 않는 거죠?"라고 말한다면, 사려 깊은 어머니는 "왜 그렇게 말하니?"라고 대답할 것이다. 아이가 실망감을 표현했을 때 어머니는 이렇게 물을 것이다. "아빠가 너한테 어떤 식으로 사랑을 표현해 주면 좋겠어?" 그 질문에 대한 답을 반드시 아버지에게 전해 주어야 한다. 단, 비난하지 말고 사실을 전달해 주라. 나는 이혼한 아버지나 어머니에게 이렇게 말한다. "당신이 이혼한 사람은 당신의 배우자입니다. 그러니 제발 자녀와는 이별하지 마세요. 그 아이들에게는 당신의 사랑이 필요해요."

자녀의 두 번째 감정적 필요는 훈계다. 아이가 안정감을 느끼려면 경계선이 필요하다. 이혼한 부모는 가끔 자기도 모르게 아이의 응석을 다 받아주는 것으로 아이의 결손을 보상해 주려 할 것이다. 아이가 해달라는 대로 다 해주다 보면 곧 당신은 그 아이의 종이 될 것이고, 아이는 다른 사람들도 다 자기에게 시중들기를 기대하며 자랄 것이다. "왕 콤플렉스"(king complex, 모든 사람이 자신을 섬겨야 한다고 생각함)의 문제는 우리 사회에 왕이 있을 자리가 많지 않다는 것이다. 따라서 "왕"을 키우는 부모는 부적응자를 키우고 있는 셈이다.

/ 177
10장 그럼에도 이혼할 수밖에 없을 때

당신의 자녀에게는 규제가 필요하다. 양쪽 부모가 기본적인 행동양식에 합의할 수 있다면 더 좋을 것이다. 잠자는 시간, 공부 습관, 텔레비전 시청 시간, 식사 습관, 일반적인 행위 같은 것들은 책임감 있는 자녀를 길러내야 할 임무를 진지하게 생각하는 부모라면 쉽게 합의할 수 있다. 아이가 거주하는 양쪽 집의 기준이 다를 때, 아이는 더 많은 자유를 허락해 주는 부모와 있을 때 즐거워할 것이다. 그러나 확고한 경계선이 주는 안정감은 잃어버릴 것이다. 당신이 일부 경계선에 대해 배우자와 합의할 수 없다면 적어도 다른 점들에서는 일관성을 가져야 한다. 당신의 규칙들을 계속 바꾸지 말라. 그런 모순은 자녀에게 감정적으로 좌절감을 준다.

이혼한 부모들이 흔히 빠지기 쉬운 함정은 자신의 감정적 필요에 따라 자녀들을 향한 행동이 지배당하는 것이다. 예를 들어 어떤 부모는 과도한 선물을 주어 자녀의 사랑을 얻으려 하고 사랑받고 싶은 자신의 욕구를 그렇게 충족시키려 한다. 또는 전 배우자에 대한 적대감을 분출하기 위해 자녀 앞에서 끊임없이 배우자를 비하할 것이다. 그런 식으로 서로의 잘못을 드러내는 것은 자녀에게 아무 도움도 되지 않는다. 우리는 자신의 행동을 분석하여 그 목적이 무엇인지 확인해야 한다. 자녀의 행복이 우리의 행동을 판단하는 객관적 기준이 되어야 한다.

별거 초기에는 함께 사는 부모가 자녀의 일상을 되도록 평상시처럼 유지하기 위해 노력해야 한다. 가능하면 부모와 자녀가 적어도 몇 달 동안은 살던 집에 계속 살아야 한다. 이혼은 굉장히 충격적인 일이다. 새로운 곳으로 이사를 가고, 친구들과 헤어지고, 전학을 가는 것은 아이의 불안감을 더 악화시킬 뿐이다. 이사를 꼭 가야 한다면, 되도록 오래된 삶의 패턴을 최대한 유지하려고 노력하라. 책 읽기, 게임하기, 같이 기도하기 같은 일들은 낯선 장소에서도 따뜻한 느낌을 가져다 줄 것이다.

자녀와 함께 사는 부모는 따로 사는 부모가 자녀의 삶에 관여하는 것을 환영해야 한다. 대부분 이혼 합의사항에는 따로 사는 부모와 자녀가 함께 보내는 시간에 대한 지침이 있을 것이다. 두 사람은 여전히 부모이며, 비록 역할이 바뀌어도 둘 다 자녀와 지속적인 관계를 유지해 가야 한다는 것을 명심하라. 단, 한 부모가 육체적으로나 정서적으로 자녀들과 건설적인 관계를 가질 수 없는 경우는 예외다. 예를 들면 알코올이나 약물 남용, 육체적 또는 성적인 아동 학대, 정신적 무능력 등이다. 그럴 경우 함께 사는 부모는 특정 상황에 대응하는 법에 관하여 변호사나 상담가의 조언을 구하길 바란다.

친구들, 친척들, 교회 식구들이 이혼한 부모의 자녀들에게 더 없이 귀한 사람들이 될 수 있다. 어떤 이유에서든 아버지가 자녀와 함께 시간을 보낼 수 없을 땐 할아버지가 역할 모델이 되어줄 수 있다. 이모와 삼촌이 가끔씩 오랫동안 아이들을 돌봐줄 수도 있다. 친구들도 아이들과 함께 질적인 시간을 보내며 특별한 기술을 가르쳐줄 수 있다. 점점 많은 교회가 한부모의 필요를 채워주는 일을 시작하고 있다. 많은 교회에서 워크샵, 세미나, 책, 개인 상담 등을 활용할 수 있다. 친구들과 친척들이 도와줄 수 있을 것 같으면 주저하지 말고 도움을 청하라. 많은 사람이 도와줄 마음은 있으나 먼저 나서기를 주저하고 있을 것이다.

이혼 가정에서 사는 것은 자녀들에게 이상적인 것이 아니다. 그러나 우리는 많은 삶을 이상적이지 못한 환경에서 살아야 한다. 긍정적으로 생각하라. 당신이 가진 것을 최대한 활용하라. 하나님의 손길을 구하라. 도와줄 수 있는 사람들에게 손을 내밀라. 하나님의 사랑으로 위로받고, 하나님의 능력으로 당신은 가장 훌륭한 한부모가 될 수 있다.

나는 재혼할 자유가 있는가

이 책에서 이혼과 재혼을 다루는 성경 구절에 관한 긴 논문을 쓸 수는 없다. 그 구절들을 자세히 해석하고 분석해 놓은 좋은 책이 많이 있다.[4] 성경은 하나님의 이상을 강조한다. 그것은 평생 일부일처의 결혼생활을 하는 것이다. 이혼에 대해서는 인간이 그러한 이상적인 모습을 경험하지 못하는 것이라고 말하지만, 재혼에 대해서는 거의 이야기하지 않는다.

과부와 홀아비의 경우에도 성경은 재혼을 명령하지도, 금지하지도 않는다. 선택은 개인 몫이다. 그들에게 가장 좋은 것이 무엇인지 분별하려고 노력해야 한다(롬 7:1-6, 고전 7:6-9, 딤전 5:14). 간음이나 처자 유기로 이혼한 경우에도 성경은 재혼에 대해 침묵한다. 따라서 그런 사유로 이혼한 경우 많은 사람은 성경이 재혼을 비난하지도 권장하지도 않는다고 믿는다.

그러나 성적인 부정이나 처자 유기 말고도 여러 이혼 사유가 있다. 무과실 이혼법이 등장하면서 대부분은 매우 주관적인 이유로 이혼을 한다. 이를테면 성격 차이 같은 것이다. 예수님과 바울의 말에 따르면, 그런 사유로 이혼한 사람들이 재혼을 하면 간음으로 간주된다.[5] 바울은 고린도전서 7장 10-11절에서 이렇게 말한다. "결혼한 자들에게 내가 명하노니 (명하는 자는 내가 아니요 주시라) 여자는 남편에게서 갈라서지 말고 (만일 갈라섰으면 그대로 지내든지 다시 그 남편과 회합하든지 하라) 남편도 아내를 버리지 말라."

성경은 이혼의 가능성을 인정하지만 결코 이혼을 권장하지는 않는다. 간음이나 처자 유기로 이혼한 것이 아닐 경우 재혼은 항상 간음으로 간주된다. 곧바로 제기되는 질문은, 그렇다면 간음은 용서받을 수 없는 것인가? 답은 분명 용서받을 수 있다는 것이다. 진심으로 죄를 고백한다면 간음은 용서받을 수 있다.

그러나 용서받는다고 해서 죄의 모든 결과가 사라지는 것은 아니다. 용서받은 수많은 부부들이 상처가 완전히 사라지지 않고 항상 남아 있다고 증언할 것이다.

당신은 재혼을 해야 하는가? 그 질문은 일단 화해를 위해 할 수 있는 노력을 다 해볼 때까지 미루면 안 되겠는가? 정말 화해할 수 없다면, 즉 이혼이 마무리되었거나 배우자가 재혼했거나 성적으로 부정을 저질러 왔거나 화해하려는 시도를 모두 거부할 경우, 당신은 재혼을 고려할 것이다. 그러나 너무 서두르지 말라. 대부분의 상담가들은 이혼의 감정적 트라우마를 이겨내는 데 약 2년이 걸린다고 말한다. 빨리 재혼하고 싶은 마음이 들 수 있지만 그것은 매우 위험하다. 재혼 부부의 이혼율이 초혼보다 높다는 사실만 보아도 알 수 있다. 재혼을 준비하는 데 더 많은 시간이 필요하다. 연합하기가 더 어려운 이유는 당신이 과거의 좌절과 기억을 가지고 재혼을 하기 때문이다. 재혼하려고 하기 전에 먼저 당신 자신을 재발견하라.

성 · 장 · 과 · 제

1. 당신의 배우자가 이혼을 요구하며 화해를 위한 어떤 노력도 하지 않으려 한다면 하나님께 이 결정을 받아들일 수 있는 힘과 지혜를 달라고 기도하라.

2. 당신 쪽에서 화해의 문을 항상 열어놓고 하나님이 계속 배우자의 마음을 움직여 주시도록 기도하라.

3. 궁금한 것이 있으면 변호사나 목사, 친구에게 조언을 구하라.

4. 모든 법적 합의는 공정하게 하라.

5. 관련된 책과 웹사이트를 참고하여 계속 개인적인 성장을 추구해 가라.

결론

장밋빛보다 더 아름다운 미래를 꿈꾸며

　당신의 현재 느낌과 반대로 당신의 미래는 매우 밝을 수 있다. 당신을 위한 하나님의 계획은 선하다. "여호와의 말씀이니라 너희를 향한 나의 생각을 내가 아나니 평안이요 재앙이 아니니라 너희에게 미래와 희망을 주는 것이니라"(렘 29:11).

　과거에 실패했다고 해서 미래에 대한 희망을 버릴 필요는 없다. 당신이 선택한다면 결혼생활이 다시 살아나는 기쁨을 발견할 수 있다. 즉 전보다 훨씬 깊은 수준으로 다시 태어나는 것이다. 상호간의 대화와 이해가 예전보다 훨씬 친밀해질 수 있다. 과거를 용서하고 감정을 함께 나누며 서로 이해하고 사랑하는 법을 배울 때 당신의 결혼생활에서 만족을 찾을 수 있을 것이다. 단지 희망사항이 아니다. 화해의 길을 걷기 위해 헌신한 수많은 부부에게 그것은 현실이 되었다.

　나는 결혼생활의 회복 과정을 설명할 때 현실적인 관점을 유지하려고 노력했다. 그것은 쉬운 일이 아니다. 당신의 배우자가 지난 수년 동안 키워온 감정들을 솔직히 털어놓을 때 매우 고통스러울 것이다. 당신은 자신을 방어하며 자신이 필요를 채워주지 않았다는 사실을 부인하려 할 것이다. 배우자의 잘못은 명확하게 보이는 반면 당신 자신의 잘못은 대수롭지 않게 보일 것이다. 당신 또한 배우자를 실망시켰다는 사실을 인정하기가 매우 힘들 것이다.

두 사람 모두 자신의 잘못을 알고 고치려고 할 때 개인적으로 엄청나게 성장할 수 있다. 오랫동안 당신 자신에 대해 마음에 들지 않은 부분들이 일부 바뀔 수 있다. 당신은 오랜 행동양식의 노예가 아니다. 당신 자신이 원하는, 사랑 많고 배려 깊은 사람이 되어가는 것을 볼 때 큰 힘을 얻게 될 것이다. 당신의 배우자에게서 긍정적인 변화들이 보일 때 매우 흥분될 것이다.

그러한 변화는 하나님의 도우심 없이는 일어나지 않을 것이다. 두 사람 모두 새롭게 하나님께 돌아와야 한다. 아직 하지 않았다면 그리스도를 당신의 삶 속에 초청하길 바란다. 예수님은 당신이 과거에 지은 죗값을 치르기 위해 돌아가셨다. 하나님은 용서하기 원하신다. 당신이 그리스도를 구주로 영접한다면 하나님은 과거 일로 당신을 비난하지 않으실 것이다. 하나님의 영이 오셔서 당신과 함께 사시며 당신의 삶 속에 필요한 변화를 일으킬 능력을 주실 것이다. 당신은 하나님의 도우심으로 이전에는 꿈도 꿀 수 없던 일들을 이룰 수 있을 것이다. 당신의 모든 삶은 변화될 수 있고, 이제는 당신이 다른 사람들을 도와줄 수 있다.

하나님의 용서를 받아들이고 그리스도께 당신의 삶의 문을 열어드리며 하나님의 손을 붙잡고 이 책에서 제안하는 일들을 시도해 보라. 하나님의 최선을 이루기 위해 노력한 일은 결코 후회하지 않을 것이다.

내가 이 책 전반에 걸쳐 말하려고 했던 것처럼, 당신이 노력한다고 해서 꼭 당신의 결혼생활이 회복된다는 보장은 없다. 당신의 배우자는 당신의 모든 제안을 거부할 자유가 있다. 만약 화해를 위해 온갖 노력을 했는데도 배우자가 화해를 거부한다면 당신은 어떻게 될까? 그러면 당신은 하나님과 손을 잡고 있을 것이다. 그것은 나쁜 상황이 아니다. 당신은 과거의 실패에 대한 죄책감에서 자유로워질 것이다. 당신의 잘못을 하나님과 배우자에게 다 고백했을 테니 말이다. 화해를 위해 노력했다는 만족감도 있을 것이다. 당신과 하나님의 관계가 활력이 넘치며 성장할 것이다. 당신 자신의 능력을 알게 되고 자신의 약점을 인정하게 될 것이다. 개인의 성장과 사역 프로그램을 통해 성취감을 얻게 될 것이다. 하나님은 배우자의 결정에 대해 당신에게 책임 지우지 않으실 것이다. 당신은 오직 당신 자신의 태도와 행동에 대해서만 책임이 있다.

  화해가 불가능하다 해도 당신을 위한 하나님의 계획이 끝났다고 생각하지 말라. 하나님은 당신에게 은사를 주셨고 그분의 가족 안에서 섬기도록 당신을 부르셨다. 그분은 긍정적인 목적을 위해 당신의 삶을 사용하기 원하시며 당신의 모든 필요를 채워주기 원하신다(빌 4:19). "나는 배우자 없이는 절대 행복해질 수 없어"라고 말하지 말라. 배우자가 돌아오지 않는다 해도 하나님은 여전히 당신을 절망의 골짜기에서 기쁨의 산으로 인도하실 것이다. 하나님은 당신과의 관계를 끊지 않으신다. 당신의 행복은 배우자의 행동에 달려 있는 것이 아니라 하나님과 삶에 대한 당신의 반응에 달려 있다. "너희 안에서 행하시는 이는 하나님이시니 자기의 기쁘신 뜻을 위하여 너희에게 소원을 두고 행하게 하시나니"(빌 2:13).

인생의 가장 높은 목적은 날마다 하나님의 인도를 따르는 것이다. 하나님은 당신이 걸어가야 할 길을 보여주실 뿐만 아니라 필요한 걸음을 내딛을 수 있는 힘을 주실 것이다. 당신을 돕기 위해 친구들과 교회와 우수한 자원들을 사용하실 것이다. 아무도 도움을 줄 수 없을 것 같은 때에 하나님은 당신에게 그분의 임재를 확신시켜주실 것이다. "주께서 생명의 길을 내게 보이시리니 주의 앞에는 충만한 기쁨이 있고 주의 오른쪽에는 영원한 즐거움이 있나이다"(시 16:11)라는 다윗의 고백처럼.

우리 마음 깊은 곳에서 하나님이 아버지임을 아는 것에서 오는 깊은 평안을 파괴할 자는 아무도 없다. 그 무엇도 더 큰 안정감을 줄 수 없다. 어떤 인간관계도 하나님과 삶을 나누고자 하는 우리의 욕구를 대신 채워줄 수 없다. 그리고 하나님은 우리가 다른 사람들을 사랑하고 사랑받을 수 있는 인간관계를 만들어가도록 인도해 주실 것이다.

미래는 당신의 인생에서 가장 밝은 부분이 되어야 한다. 시편 기자와 같이 "이 날은 여호와께서 정하신 것이라 이 날에 우리가 즐거워하고 기뻐하리로다"(시 118:24)라고 말하라. 당신은 과거나 현재의 상태에 대해 기뻐할 수 없을지도 모른다. 하지만 하나님이 이 날을 유익하게 사용할 능력을 당신에게 주신 것을 기뻐할 수 있다. 그럴 때 당신은 참으로 기쁠 것이다.

주

서문 "더 이상 못 참겠어"
1. Samuel Rainey, email, November 2013.

1장 사라진 장밋빛 꿈
1. Gary Chapman, *Desperate Marriages* (Chicago: Northfield, 2008), 34. 『미운 남편과 행복하게 사는 법』, 살림.
2. 레위기 21장 14절, 22장 13절, 민수기 30장 9절, 신명기 24장 1-4절 참고.
3. Gary Smalley, *Winning Your Wife Back Before It's Too Late* (Nashville: Thomas Nelson, 2004), 101.

2장 어디서부터 시작해야 할까?
1. Ed Wheat, *How to Save Your Marriage Alone* (Grand Rapids: Zondervan, 2983).
2. Michelle Weiner-Davis, *Divorce Busting* (New York: Simon & Schuster, 1992), 27.
3. Judy Bodmer, "My Loveless Marriage," Today's Christian Woman, http://www.todayschristianwoman.com/articles/2006/january/14.46.html.
4. Gary Smalley, *Winning Your Wife Back Before It's Too Late* (Nashville: Thomas Nelson, 2004), 27.
5. Michael J. McManus, *Marriage Savers* (Grand Rapids: Zondervan, 1993), 28.
6. Judith Wallerstein and Sandra Blakeslee, *Second Chances: Men, Women, and Children a Decade After Divorce, Who Wins, Who Loses—and Why* (New York: Ticknor & Fields, 1989).
7. Michelle Weiner-Davis, 21.
8. Britton Wood, *Single Adults Want to Be the Church, Too* (Nashville: Broadman, 1977), 82.

5장 배우자와의 관계 변화시키기
1. Gary Smalley, *Winning Your Wife Back Before It's Too Late* (Nashville: Thomas Nelson, 2004), 33.
2. Michelle Weiner-Davis, *Divorce Busting* (New York: Simon & Schuster, 1992), 75.

6장 때로는 별거가 더 큰 사랑이다

1. Robert Frost, "Mending Wall," ed. Edward Conery Lathem, *The Poetry of Robert Frost* (New York: Holt, Tinehart and Winston, 1969).

7장 외로움을 벗어나 의미 있는 삶으로

1. Email, November 2013.
2. Christopher Anderson과의 인터뷰에서 James J. Lynch, People, 22 August 1977, 30.
3. Maya Pines, "Psychological Hardness : The Role of Challenge in Health," *Psychology Today*, December 1980, 43.
4. "Divorce," *Christian Medical Society Journal* 7, no.1 (Winter 1976) : 30.
5. Robert S. Weiss, *The Experience of Emotional and Social Isolation* (Cambridge: Massachusetts Institute of Technology, 1973), 54.
6. 위의 책, 57.
7. James Johnson, *Loneliness Is Not Forever* (Chicago: Moody, 1979), 21.
8. Paul Tournier, *Escape from Loneliness* (Philadelphia : Westminster, 1976), 23. 『고독』, IVP.

9장 화해를 위한 실제 지침

1. Robert Frost, "The Road Not Taken," ed. Edward Conery Lathem, *The Poetry of Robert Frost* (New York: Holt, Rinehart and Winston, 1969).
2. Gary Chapman, *The 5 Love Languages* (Chicago: Northfield, 2010). 『5가지 사랑의 언어』, 생명의말씀사.

10장 그럼에도 이혼할 수밖에 없을 때

1. Michael J. McManus, *Marriage Savers* (Grand Rapids: Zondervan, 1993), 230.
2. Mel Krantzler, *Creative Divorce* (New York: New American Library, 1975), 270.
3. 자녀의 주요 사랑의 언어를 발견하는 법에 대해 더 논의하려면 Gary Champman과 Ross Campbell의 『자녀를 위한 5가지 사랑의 언어』(생명의말씀사, *The 5 Love Languages of Children* [Chicago: Northfield, 2012])를 읽어 보라.
4. H. Wayne House, *Divorce and Remarriage: Four Christian Views* (Downers Grove, IL : InterVarsity, 1990) 참고.
5. 마태복음 5장 32절, 19장 9절, 마가복음 10장 11-12절, 누가복음 16장 18절, 고린도전서 7장 15절 참고.

사명선언문

너희가 흠이 없고 순전하여……세상에서 그들 가운데 빛들로
나타내며 생명의 말씀을 밝혀 _ 빌 2:15-16

1. 생명을 담겠습니다
만드는 책에 주님 주신 생명을 담겠습니다.
그 책으로 복음을 선포하겠습니다.

2. 말씀을 밝히겠습니다
생명의 근본은 말씀입니다.
말씀을 밝혀 성도와 교회의 성장을 돕겠습니다.

3. 빛이 되겠습니다
시대와 영혼의 어두움을 밝혀 주님 앞으로 이끄는
빛이 되는 책을 만들겠습니다.

4. 순전히 행하겠습니다
책을 만들고 전하는 일과 경영하는 일에 부끄러움이 없는
정직함으로 행하겠습니다.

5. 끝까지 전파하겠습니다
모든 사람에게, 땅 끝까지, 주님 오시는 그날까지
복음을 전하는 사명을 다하겠습니다.

서점 안내

광화문점 서울시 종로구 새문안로 69 구세군회관 1층
02)737-2288(T) 02)737-4623(F)

강남점 서울시 서초구 신반포로 177 반포쇼핑타운 3동 2층
02)595-1211(T) 02)595-3549(F)

구로점 서울시 구로구 시흥대로 577 3층
02)858-8744(T) 02)838-0653(F)

노원점 서울시 노원구 동일로 1366 삼봉빌딩 지하 1층
02)938-7979(T) 02)3391-6169(F)

분당점 경기도 성남시 분당구 황새울로 315 대현빌딩 3층
031)707-5566(T) 031)707-4999(F)

신촌점 서울시 마포구 서강로 144 동인빌딩 8층
02)702-1411(T) 02)702-1131(F)

일산점 경기도 고양시 일산서구 중앙로 1391 레이크타운 지하 1층
031)916-8787(T) 031)916-8788(F)

의정부점 경기도 의정부시 청사로47번길 12 성산타워 3층
031)845-0600(T) 031)852-6930(F)

인터넷서점 www.lifebook.co.kr